LEMURIA

Das Paradies in deinem Herzen

BEGLEITER
IN DER NEUEN ZEIT

JEANNE RULAND
MATTHIAS SCHEFFLER
MIRIAM SCHEFFLER

Schirner Verlag

Wir verzichten auf das Einschweißen unserer Bücher – **UNSERER UMWELT ZULIEBE!**

ISBN 978-3-8434-1399-2

Jeanne Ruland,
Matthias Scheffler &
Miriam Scheffler:
Lemuria
Das Paradies in deinem Herzen –
Begleiter in der neuen Zeit

Umschlag: Simone Fleck & Anke Müller, Schirner, unter Verwendung von 1069348595 (©vladimir3d), #385818523 (©Yurlick), #132081503 (©examphotos), #50497090 (©Markus Gann), www.shutterstock.com
Layout: Simone Fleck, Schirner
Lektorat: Kerstin Noack, Schirner
Printed by: Ren Medien GmbH, Germany

www.schirner.com

2. Auflage Juli 2021

WIDMUNG

Wir widmen dieses Buch unseren lichtvollen Ahnen, denen, die vor uns kamen, und den nächsten Generationen, die nach uns in diese neue Welt kommen werden.

Wir widmen es allen Menschen, Wesen und Sternengeschwistern, die jetzt wieder zusammengeführt werden. Möge es wichtige Impulse geben, einen umfassenden Einblick eröffnen und ein großer Segen sein für alle, die diese Zeilen lesen und die Erinnerung an die Goldene Zeit mit uns teilen.

Mögen die Goldene Zeit und die Paradiesschwingung, die tief in unserer Seele verankert ist, nun erwachen. Mögen wir die Veränderung sein, die wir uns wünschen.

In Liebe und Segen
Miriam Scheffler, Matthias Scheffler & Jeanne Ruland

INHALT

ZU DIESEM BUCH

Erfahrung macht Wissen erst zur Weisheit.

Lies dieses Buch mit wacher Aufgeschlossenheit. Sinne über die Botschaften in deinem Herzen nach. Probiere im Alltag aus, was du darin lernst. Wende im Alltag an, was du weißt. Hinterfrage die Botschaften. Ist die Botschaft sinnvoll? Ist die Botschaft logisch? Verbinde deine Vision mit dem praktischen Tun. Wachse in deinem Sein, und wirke mit an dem großen kosmischen und universellen Plan, der sich jetzt durch jeden Einzelnen von uns verwirklichen kann.

Es gibt nur ein Licht, und dieses Licht ist all-eins. Es ist in jedem Aspekt unseres Lebens enthalten. Jedes Wesen bewegt sich, atmet, lebt eingebunden in dieses universelle Licht.

Jeder Mensch, der je auf Erden gelebt hat und sein Leben siegreich im Licht vollendet hat, wurde ein Aufgestiegener Meister, eine Aufgestiegene Meisterin. Es gibt Tausende von ihnen. Sie kennen die Wege auf der Erde, Leid und Schmerz, und haben dies überwunden in der Ewigkeit des Lichts, in der Heimkehr in den Ursprung. Sie sind da und wirken weiter als Boten des Lichts auf höheren Ebenen. Sie reichen uns die Hand, wenn wir bereit sind, uns ihnen zuzuwenden. Sie entzünden das glühende Feuer im Herzen, das für die Liebe brennt. In uns wohnt ein Meister, eine Meisterin des Lichts und der Liebe.

MU, der Lichtaspekt von LEMURIA, ist nicht untergegangen. MU ist aufgestiegen – im Zentrum des Lichts in unserem Herzen sind wir verbunden in der Einheit. Sind wir verbunden in Liebe.

Wie du dieses Buch verwenden kannst

Nimm dir einen Moment Zeit. Dieses Buch kannst du einmal von vorne nach hinten durchlesen oder am Ende beginnen, du kannst auch spontan eine Seite aufschlagen. Nimm das Buch in die Hand. Verbinde dich mit seinem lebendigen Geist, mit Lemuria, dem Paradies in dir. Atme in dein Herz, denn hier liegt der direkte Zugang. Konzentriere dich auf dein Anliegen, und schlage das Buch auf.

In jedem Kapitel findest du Übungen, Rituale oder Meditationen und hier und da auch eine bewusstseinserweiternde Frage. ACHTE AUF DAS SYMBOL. Es taucht immer dann auf, wenn es Zeit ist, einen Stift zur Hand zu nehmen und dir Notizen zu machen. Du kannst dazu einen Notizzettel nutzen oder dir ein schönes Tagebuch oder ein Notizbüchlein zulegen, in das du all deine Erkenntnisse und Erfahrungen einträgst.

Wir wünschen dir viel Freude bei deinen Erlebnissen.

Anrufung der KOSMISCHEN KRÄFTE von LEMURIA

Wir öffnen heute, hier und jetzt, das Feld der Einheit.

Wir öffnen es durch unser Kommen,
durch euer Kommen,
durch unser Kommen, durch euer Kommen.

Wir öffnen das Feld der Einheit,
auf dass es entsteht und durch uns spricht,
durch uns wirkt und mit uns wirkt – mit uns ist.

Und so werden wir ein Gefäß für das Licht der Einheit,
ein Gefäß, durch das das Licht der Einheit wirken
und fließen kann, in uns, durch uns, in dieser Welt
und in allen damit verbundenen Welten.

Wir rufen an die kosmischen Kräfte von einst,
der Einheit, von MU*,
und wir rufen sie an,
die kosmischen Kräfte von MU, der Einheit, jetzt,
wir rufen sie an, sie rufen uns,
haben uns gerufen für den heutigen Tag,
die heutige Zeit, das Wirken auf Erden,
unserer Mutter, Papa, Gaia, Terra.

* *MU ist eine andere Bezeichnung für Lemuria in seiner ursprünglichen, ätherischen Form.*

Und wir verbinden uns
mit den Kristallstädten in der Erde,
auf der Erde und im gesamten Kosmos,
sodass sich das Licht der Einheit wieder verbindet.
Die heiligen Lichtstrukturen erwachen.

Wir rufen an die Wesenheiten,
die Lichtwesen, die Lichter,
unsere Brüder und Schwestern des Kosmos,
die uns beistehen, die bei uns sind.
Die uns helfen, die uns führen,
so, wie wir sie führen,
so, wie wir ihnen helfen.

Und so wirken wir zusammen im Einklang,
in einem Ton, im Ton der Schöpfung, im Urton.

Möge in allen Wesen,
die in Verbindung stehen mit Lemuria,
der Funke entfacht werden,
in diesem Feld des alldurchdringenden Lichts,
dem Feld der grenzenlosen Liebe.

Und mag die Einheit, dieser Funke,
in jedem Wesen ein größeres Licht entzünden,
sodass es sich vermehrt, weitergereicht wird
zu jeder Seele, zu jedem Wesen
und diese erinnert werden an das Höchste,
an die Einheit, an die Liebe.

So rufen wir unsere lichtvollen Ahnen, AUMAKUA.
Ihr, die ihr vor uns kamt, uns den Weg geebnet habt,
tretet ein, kommt in das Feld der Einheit.

Wir bitten den Rat von MU,
der sich jetzt versammelt, darum,
Balance und Gleichgewicht
auf allen Ebenen zu erschaffen,
in allen Dimensionen.

Wir bitten ihn, uns zu führen,
zu lenken und zu leiten,
im Dienst des Gesamten.

Sie sind gekommen, sie sind da.

Das Einheitsfeld, die Hohen Seelen, die Lichtwesen –
der lichte Kreis ist gekommen, wir danken dafür.

MAHALO KE AKUA.

Möge die Reise beginnen.
Mögen sich die Türen, Tore und Portale öffnen
und die lichten Königreiche aller Ebenen und
Dimensionen sich ausbreiten,
von hier bis in die Unendlichkeit, in die Heimat.

Der Funke kehrt zurück, bildet eine lichtvolle Brücke.
So sehen wir, wie sich die Portale öffnen und
mit Lemuria verbunden sind,
wie sie sich nun weltweit öffnen, sodass sich
das Neue jetzt mit und durch uns entfalten kann.

A MAU MAU, A MAU MAU, A MAU MAU.

EINSTIMMUNG

Möge der Weg euch freundlich entgegenkommen.
Möge Freude euch tragen.
Möge Wärme euch erfüllen.
Und bis wir uns sehen,
möge die göttliche Gegenwart
euch schützend und sicher führen.
Allzeit und immer.

Dieses Buch erfasst den stillen Strom des Unterbewusstseins, der bereits die Energie der Ereignisse wahrnimmt, die geschehen werden. Es unterstützt dich auf dem Weg des Lebens. Das Leben will gelebt und glühend genossen werden. Du bist niemals allein und immer unendlich geliebt.

Dieses Buch kommt direkt aus dem Paradies zu dir. Es lebt. Es ist dein Lichtfreund, deine Lichtfreundin, der oder die dir stets zur Seite steht. Es spricht zu dir. Es liegt gerade in deinem Sichtfeld. Es kann in allen Lebenslagen genutzt werden. Es unterstützt dich auf allen Ebenen, deinen einzigartigen Erdenweg wundervoll zu meistern und dein Leben in Richtung Glück zu lenken. Manchmal kann ein einziges Wort oder ein Satz Inspiration sein und dir augenblicklich eine neue Sichtweise eröffnen, manchmal ist es ein Bild auf einer bestimmten Seite.

Dieses Buch erinnert dich an das, was schon in dir liegt und darauf wartet, von dir erweckt zu werden. Genieße diesen Augenblick, und nimm Kontakt mit dem lebendigen Feld des Buchs auf, das aus so viel Liebe, Weisheit, Freude, Freundschaft und kraftvollen Lebensweisheiten gewebt ist.

SEI WILLKOMMEN

Fühle dich zutiefst willkommen. Fühle den Jubel und die Freude des Universums. Spüre den Lei (Blütenkette) der Liebe, den wir dir mit dem Eintritt und der Rückkehr in das Paradies in all unserer Liebe umlegen. Nimm den Duft der Blumen wahr, das Spiel von Licht, Klang und Farbe, das dich einhüllt, erfüllt und erinnert. Du bist Liebe, du kehrst zurück in die große Liebe, und nichts kann dich mehr aufhalten. Wie duftet die Liebe für dich? Nimm ihren Geruch wahr, der jetzt deine Seele einhüllt. Spüre die Farben und den Klang des Himmels in deinem Herzen. Du bist willkommen. So, wie du bist. Allzeit und immer. Die Türen stehen offen. Tritt ein. Erinnere dich. Wir wandeln seit Anbeginn auf den Pfaden der Einheit. Wir sind nicht allein. Wir gehen gemeinsam, um uns gegenseitig zu unterstützen und zu erinnern, um zu erlösen und immer mehr in den Ebenen der Heimat unseres Lichts zu erwachen.

»Stelle dich in das Zentrum der Sonne,
und scheine wie einst am ANbeginn der Welten.
Das alles scheint durch dein Sein.
Vergiss weder, woher du kommst, noch, wer du bist.
Du bist das Licht aus der Einheit, das Licht von AN.
Du rufst es AN.
Es wird sich mANifestieren.
Deine Aufgabe ist die Bestimmung der VerÄNderung
in den Welten in diesem Raum.
So wird sich alles AN das Erweiterte ANpassen.
Licht von AN, scheine aus der Einheit
in diese Verwirklichung.

Die Liebe ist bei dir. Die Liebe ist bei euch.
Aus dem Höchsten in das Höchste.
Das Erbe der AN schreitet in den WANdel.
AN, ein Volk der Stärke, der Einheit und des Lichts.
AN, der Anker, der Lichtpunkt aus den ANfängen.
ANfang, ANmut, AN. Das Licht im Herzen ist AN.«

(Matthias Scheffler)

Die Tore in die höheren Ebenen der endlosen Liebe, Freude und Glückseligkeit öffnen sich wieder, um die Materie zu durchlichten und in ihrem ursprünglichen Licht zu erleuchten. Nimm dir einen Moment Zeit, halte inne, und überlege: Was möchtest du neu beginnen? Was ist dein Neuanfang, jetzt?

LE – ENGEL
MU – die aufgestiegenen Lichtebenen
RI – Glückseligkeit und unermessliche Freude
AN** – Die Königreiche der Erde und des Himmels, die sich jetzt wieder öffnen und vereinen in eine universelle, multidimensionale Ebene des Friedens

WANdelt im Licht! Dehnt das Licht aus!
Strahlt das Licht aus!
Seid göttliches, reines Licht in Aktion
auf der Erde hier und jetzt!
Seid ein Kristall, der das Licht des Himmels widerspiegelt.
CHRIST – ÜBER – ALL = Kristall

** *Lemuria/Lemurian: Wir haben an dieser und einigen anderen Stellen in diesem Buch bewusst die englische Schreibweise »Lemurian« gewählt, da die Silbe »-an« an die neuen Wege, für die wir den Anfang machen können, erinnern soll.*

EINLEITUNG

Kannst du dir vorstellen, in einer schönen Umgebung und in einer Zeit des Friedens und der Einheit zu leben? Möchtest du an einem Ort sein und wirken, der als »Himmel auf Erden« bezeichnet wird? Hast du jemals das Gefühl gehabt, dass du hier und jetzt nicht wirklich dazugehörst oder dass du dich immerzu bemühen musst, dich an deine Umgebung anzupassen? Die Menschen aus Lemuria kennen diese Gefühle nur allzu gut …

Es ist jetzt an der Zeit, die Geschichte von Lemuria erneut zu erzählen. Diese Erzählung kann in dir eine Erinnerung an deine wahre Abstammung aus Lemuria freisetzen. Die Wahrheit ist, dass viele von uns die Geschichte Lemurias schon tief im Inneren kennen, da sie bereits in uns gespeichert ist.

Die Existenz von Lemuria wird seit Jahrhunderten kontrovers diskutiert. Edgar Cayce, Rudolf Steiner und viele andere waren von den Theorien unserer magischen Brüder und Schwestern berührt, einige Menschen haben dokumentiert, dass Lemuria noch immer unter uns und bis in die heutige Zeit existiert.

In allen Epochen und Kulturen wurden Geschichten über Überlebende aus Lemuria erzählt. Sind all diese Überlieferungen wahr? Dies zu entscheiden liegt nun an dir.

Es gibt ein Licht in einigen Bräuchen wahrer Gläubiger, ein Licht, das sich ausbreiten wird, so, wie sich das Licht vor Tausenden von Jahren auf dem Mutterland Lemuria ausgebreitet hat. Die Strahlen auf dem Mutterland Lemuria (auch liebevoll MU genannt) wurden vielleicht gelöscht, aber dieses Licht brennt immer noch in vielen Herzen. Je heller das Licht im Inneren entzündet wird, desto mehr werden die Erinnerungen zu dir zurückfließen.

Diese Erinnerungen beschreiben ein himmlisches Land und ein Leben in Frieden in der Einheit. Es wird gesagt, dass das Mutterland Lemuria gesunken ist und nun tief im Pazifischen Ozean begraben liegt. Die Geschichte und die Legenden der Menschen von MU sind jedoch noch lange nicht vorbei. Auch wenn der Kontinent unter den Wellen verborgen ist, können wir die Erinnerungen am Leben erhalten! Dieses Buch und die darin enthaltenen Erzählungen und Übungen sollen dich wieder an dein wahres Wesen und deine wahre Herkunft erinnern.

Es ist nun die Zeit gekommen, unser Erbe anzutreten und in das Paradies zurückzukehren.

»Wenn du versuchst, deine Vergangenheit zu verstehen,
wirst du in der Lage sein,
deine göttliche Bestimmung zu erfüllen.«

(Matthias Scheffler)

Das alte Wissen aus MU ist ein wohl gehüteter Schlüssel zur Offenbarung des ultimativen Wissens über unsere uralte Vergangenheit. Ein von Anbeginn in uns verankerter Code, der uns mit den astralen und spirituellen Bereichen und mit unserem ureigenen göttlichen Erbe verbindet. Es ist der Weg der indigenen Menschheit, der Tribes des Anfangs auf Erden, der Lemurianer, des Volkes, zu dem diese Welt gehört. Seit so langer Zeit lernen wir, unsere Wurzeln abzulehnen, zu ignorieren und zu begraben, die weit über unseren Planeten und das Sonnensystem hinausgehen. Dieses Buch, diese Worte, sind jetzt hier für dich, um dir zu sagen, dass es Zeit ist, aufzuwachen.

Wir sind alle Wesen des Herzens, und lange haben wir nach dieser Verbindung gesucht. Die Verbindung zu etwas Größerem, Mächtigerem, sogar Magischem. Die Verbindung, die uns vorwärts und gleichzeitig höher zieht. Die Verbindung, die dir gehört.

Lemuria ist hier, um dich zu erinnern, um dich zurück zur Verwirklichung deines authentischen, wunderschönen und reinen Selbst zu führen. Das Wissen aus Lemuria ist für alle, die wahrhaftig den Weg des Herzens gehen, uneingeschränkt da. Du kannst jetzt diesen unendlichen Punkt der Harmonie erreichen, den Zustand, in dem du mehr bist, als du momentan zu sein glaubst, und du eins wirst mit diesem großen Universum, mit dem allumfassenden Plan der Einheit.

Es ist an der Zeit, sich endlich daran zu erinnern. Es ist Zeit, nach Hause zu kommen. Geliebte Seele vom Anbeginn der Erde:

Willkommen zurück, willkommen zu Hause.

ALOHA – wir wünschen dir viel Freude beim Erinnern!

Ehrung der Ahnen

»Ich ehre meine Vorfahren aus MU, Lemuria. Die Ahnen, die vor mir kamen und dieses magische Land auf unserer Erdenmutter bewusst bevölkerten. Ich ehre mit größtem Respekt und größter Anerkennung ihre Lehren und ihr Wissen, den Weg des Herzens, den Weg der bedingungslosen Liebe in der Einheit. Die alte Kultur von MU wird durch euch, die kosmische Linie, lebendig und stets weitergegeben, von einer Generation zur nächsten. Als Seelenfamilie sind sie die ursprünglichen Heiler auf Erden, das Volk von MU, Lemuria. Ich erkenne mich in diesen Lehren wieder. Von Anbeginn bis zum jetzigen Moment sind wir unzertrennlich verbunden. In tiefer Liebe zu dir, mein Volk, zu dir, meine Liebe. Ich bin das Erbe von MU, ich bin der lebendige Funke, euer lebendiges Licht. Ich danke für meinen heiligen Weg und allen, die mich unterstützt haben. Ich erfahre gerade jetzt, wie das alte Wissen in mir erwacht, und nehme es in großer Demut und Liebe respektvoll auf.

Zusammen vereint, stehen wir wieder gemeinsam in der Einheit von einst.

A Mau Mau, a Mau Mau, a Mau Mau.«

»Das Wissen aus und die Erinnerung an Lemuria öffnet die Tür zu deiner wahren Seelenfamilie, zu deiner Seelenherkunft.«

(Matthias Scheffler)

Erinnerungen an Lemuria

von Matthias Scheffler

Ich erinnere mich an MU, als ob es gerade gestern gewesen wäre. Ich erinnere mich an das weite, satte, vor Fülle und Reichtum strahlende Land, das ich Heimat nannte. Ich erinnere mich an eine Zeit, als der Horizont voller Wärme und ohne Begrenzung war. Ich sah die himmlischen Ebenen, die vor Freude glühten, und ich sah, wie das Licht der Sonne alles auf Lemuria widerspiegelte. Das Licht, das aus dem Zentrum der Kreation stammte, strahlte unentwegt aus den Herzen eines stolzen, liebevollen Volkes.

Diese Erinnerung, das Wissen und die Anbindung an diese Kraft sind schon so lange in mir. Sie sind wie ganz tief schlafend in mir verankert gewesen. Nicht zugänglich und auch nicht spürbar. Danach suchen konnte ich lange Zeit nicht, da ich nicht einmal wusste, wonach. Ich hatte kein Gefühl, noch nicht einmal eine Ahnung von dem, was dort in mir und vor mir lag. Wie eingekapselt, eingeschlossen und für immer wartend bis zu einem Tag, der kommen würde, bis an diesen unbestimmten Tag, der alles wieder an die Oberfläche bringen würde. Unbestimmt war er nicht, dieser besagte Tag, so viel kann ich heute sagen, und doch viel mehr als von sehr langer Hand geplant. Es war meine eigene Hand, die ich wieder greifen durfte, als ich anfing, mir die richtigen Fragen zu stellen. Diese Fragen bewogen mich zum Nachdenken, zum Umdenken, und schließlich führten sie mich zurück in meine Zukunft. Doch welche war die entscheidende Frage? Ich weiß, für eine jede und einen jeden von euch gibt es diese eine entscheidende Frage. Welche Frage bringt deinen Stein ins Rollen? Vielleicht dieselbe, die meinen ins Rollen brachte. Es war die längste Reise in meinem Leben. Sie fing in meinem Kopf an und endete in meinem Herzen – 30 cm in fast 30 Jahren. Doch was sich danach offenbarte, war Lichtgeschwindigkeit mal unendlich.

Doch zurück zur Frage. Ich fragte mich: Wofür stehst du ein? Ich meine, wofür stehst du wirklich ein und warum? Was ist die Basis für etwas oder das, für was du einstehst? Diese Frage bewegte mich, und darauf folgten viele weitere. Ich bekam nicht sofort alle Antworten, natürlich nicht, doch diese eine Frage war es schlussendlich, die alles ins Rollen brachte. Daraufhin folgte ich immer mehr meinem Herzen, und der Verstand wurde wieder zu dem, was er ist – zu einem treuen Freund, wenn es darum geht, etwas klar zu strukturieren. Doch das Herz wusste immer den richtigen Weg, und das sogar ohne Umwege. Ich fing an, immer mehr darauf zu vertrauen und zu bauen. Es ist schon manchmal verrückt, wie sich Entscheidungen grundlegend verändern, doch das, was hinter der nächsten Ecke dann auf dich wartet, ist stets ein noch viel größeres Geschenk, als der Verstand hätte annehmen können.

Mein Herz hatte neue Pläne und sandte mich auf eine neue Reise. Diesmal ging es weit über die 30 cm hinaus und gleich um den halben Planeten nach Hawaii. Was dort auf mich wartete und schon immer auf mich gewartet hatte, würde mehr als nur ein Buch füllen. In Worte ist es schon fast nicht mehr zu fassen, wie viel mir diese Inseln schon geschenkt haben. Ich kann gar nicht oft genug dafür danken, und voller Demut erinnert mich Hawaii immer wieder an meine erste Frage, die den Stein ins Rollen brachte. Es geht nicht darum, wie viel wir nehmen, sondern eher, wie viel Gutes wir geben und hinterlassen können. Als ich die Insel von Hawaii betrat, kam ich zum ersten Mal in meinem Leben wahrhaft nach Hause. Ja, es war ein vollkommenes Nach-Hause-Kommen, so, als ob jede Faser meines Seins zu mir sprach: »Willkommen zu Hause.« Doch das sollte erst der Anfang von einer noch tiefergehenden Liebe und Verbundenheit werden. Die Landschaften und die Begegnungen mit altbekannten Unbekannten sowie die Aufnahme in das Innerste der Inseln und ihre Schätze. Erinnerungen aus einer Zeit vor dieser Welt kamen zurück, weit intensiver und weittragender als ein Tagtraum oder eine Vision. Jeder Schritt auf diesem heiligen Land war und ist wie eine Einweihung in meine Vergangenheit und meine Zukunft, die sich in meiner Gegenwart vollkommen entfalten. Eine Einweihung in immer tiefere Schichten des Seins und Werdens.

Wofür stehst du ein? Ist es vielleicht ein Ort, ein Landstrich oder ein Berg? Ist es deine Familie, sind es deine Freunde, deine lieb gewonnenen Mitmenschen? Wie sieht es mit dir persönlich aus? Stehst du auch für dich ein? Ich meine konsequent? Stehst du ein für deine Gedanken, für deine eigene Wahrheit, deine gewählten Worte und deine daraus resultierenden Handlungen? Stehst du ein für die Stimme in deinem Herzen und die Lebensaufgabe, die du mit hierhergebracht hast? Lebst du deine Bestimmung, ohne dich zu verstecken? Bist du frei und lebendig, und liebst du mit deinem ganzen Sein ohne jegliche Bedingung?

Das alles ist MU, das ist Lemuria in seinem Wesen, in seinem Ursprung. Das ist das Paradies, das wir alle in uns tragen, das wir ehren und so detailreich bestens kennen. Das alles spiegelt die innere Welt in die äußere.

Das Paradies wird zuerst in uns
und dann durch uns sichtbar.

Ich glaube, auch du könntest ein Buch mit deinem Paradies füllen. Ich glaube sogar, du könntest eine ganze Bibliothek und dein restliches Leben damit füllen. Warum ich das glaube? Ich habe dich bereits im Paradies gesehen. Ich habe deine Stimme und dein Versprechen gehört. Die Zeit ist gerade jetzt, um sich wieder zu erinnern.

Erinnere dich, erinnere dich an deine Herkunft, erinnere dich an deine Heimat.

Das Paradies ist nur einen Wimpernschlag entfernt, es war nie verschwunden, noch hat es sich vor uns allen für alle Zeiten versteckt. Es war schon immer da, es hat immer nur auf den passenden Moment gewartet, in dem die Menschheit wieder bereit ist, es klar und deutlich zu sehen. Das Paradies ist dein Geburtsrecht. Also stehe für das ein, was du wirklich liebst.

Was ich mit Lemuria verbinde

von Miriam Scheffler

Was ich mit Lemuria verbinde, erkenne ich, wenn ich meiner Intuition folge und meine Verbindung aufnehme. Was dann aus meiner Erinnerung aufsteigt, möchte ich dir beschreiben:

Lemuria ist in meinem Empfinden weniger als ein Ort sichtbar, da ich vielmehr seine Frequenz wahrnehme. Diese ist lichter und feiner als das, worin wir gerade leben. Ich habe zwar schon Orte auf dieser Welt besucht, an denen ich gespürt habe, dass sie mit diesen Frequenzen verbunden sind und schon auf einem anderen Bewusstseinsniveau liegen, das heißt, ich habe Ansätze dieser Beschreibung schon erlebt, aber ich kann die örtliche Gegebenheit rein rational nicht abgrenzen. Auch möchte ich nicht ausschließen, dass dies an jedem Ort möglich wäre.

Ich habe die Begriffe »lichter« und »feiner« in Bezug auf die Frequenz verwendet, was bedeutet, dass die Materie durchlässiger ist, die ich wahrnehme, und unsere Körper sind das ebenso. Die physischen Körper können daher eine größere Form annehmen und sind in sich und ihren Bewegungen fließender. Das betrifft auch die Energie unserer Körper. Die Körperebenen sind dadurch geprägt, dass alles hochfrequent ist. Sie weisen keinerlei Blockaden auf und sind in der Lage, mehr Helligkeit aufzunehmen und diese wiederum auszustrahlen. Alles wirkt vielmehr so, wie wir heute ein Aurafeld, ein Energiefeld, beschreiben würden, oder auch, wie wir sie auf speziellen Aurafotografien einfangen können. Durch ihre insgesamt deutlich geringere Dichte wirken alle Elemente leichter, durchscheinender, lichtvoller, freier, luftiger, friedlicher, strahlender und die Wesen jünger. Ein Altern ist nicht vorgesehen. Die höhere Leuchtkraft trifft auf alle Lebewesen zu, auf die Pflanzenwelt ebenso wie auf alles andere Leben, eingeschlossen dem Planeten Erde.

Die Natur nimmt in Lemuria viel mehr Raum ein als in unserer Zeit, weil uns die natürlichen Rhythmen und Zusammenhänge viel klarer sind. Wir wissen, dass uns die Verbindung zu den fließenden Wässern, den Pflanzen, den Kristallen, den Sternen und dem Licht in unserer vollkommenen Kraft erstrahlen lässt.

Aufgaben sind in der Bevölkerung klar verteilt und liegen bei denjenigen, die von Natur aus über die größten Stärken in den spezifischen Bereichen verfügen und damit ihrem Seelenplan entsprechen. Weil das Bewusstsein für die Talente für jeden klar ist, gibt es kein Wettbewerbsempfinden, da sich jeder seiner Einzigartigkeit und Rolle im Gesamten bewusst ist und diese lebt. Jeder kennt seinen Selbstwert und erfährt dadurch auch die Wertschätzung von anderen. Ein Wetteifern untereinander ist den Lemurianern völlig fremd.

Eine große Bedeutung liegt in den Bildungssystemen. Jeder lernt ständig und permanent. Aus- und Weiterbildung sind nicht irgendwann beendet, sondern ein fortwährender Bestandteil des Lebens. Die Systeme sind so gestaltet, dass in ihnen jeder schnell wachsen und sich entwickeln kann. Dabei ist ein Auskommen ohne Bewertungssysteme möglich, denn Einzigartigkeit ist nicht vergleichbar. Es gibt auch kein Standardprogramm, sondern alles geschieht mit höchster Flexibilität, sodass jede Seele das Wissen und die zugehörigen Fertigkeiten erlernt, die für sie und ihr Vorankommen bedeutsam sind. Es geht um die Förderung der individuellen Talente, was großes Wachstum und die Ausschöpfung des größten Potenzials für jedes Wesen sowie für das Kollektiv ermöglicht.

Was die Gesellschaftsordnung betrifft, gibt es Wissende und Verantwortliche für Gemeinsames. Hierbei ist sich jeder seiner Verantwortung, die mit dieser Position übernommen wird, vollkommen bewusst. Es gibt keine Manipulation, keine Verschleierung. Es geht um klares Entscheiden für das höchste Wohl sowie ein Führen und Anleiten.

Es gibt neue oder, sagen wir passender, natürliche Formen der Energiegewinnung, denn Energie ist überall grenzenlos vorhanden. Es geht nur darum, sie zu bündeln, zu lenken und zu leiten. Die grundlegende Energiegewinnung beruht auf erneuerbarer Energie und kommt ohne die Ausbeutung von Ressourcen aus.

Die wenigen vorhandenen Gebäude oder »Straßensysteme« sind klar, kristallin, in die Natur und häufig auch in fließende Gewässer eingebettet. Es gibt kein Trennen und Abschneiden. Ebenso wenig im Umgang miteinander.

Insgesamt unterscheidet sich das Zusammenleben, der Umgang mit allem Leben, stark von dem derzeit bekannten Miteinander. Zu viele Blockaden, Verletzungen und negative Erinnerungen prägen aktuell das Handeln. Weitere Themen sind ein nicht Wahrgenommen- und nicht Gesehenwerden. Zu unterschätzen ist auch nicht die Beeinflussung und Ablenkung, die derzeit jegliche Kommunikation prägt und die nicht nur unsere Zeit, sondern auch unsere Energie in Anspruch nimmt.

Dies ist unser Heilungsprozess, der noch von uns zu vollenden ist – jede einzelne festsitzende Emotion oder Blockade und jeden Schmerz wahrzunehmen und an die Oberfläche zu bringen. Das heißt, alles in unser Bewusstsein zu bringen, ist der Weg, der von uns zu beschreiten ist, damit alles gesehen, erkannt und in die Heilung gebracht werden kann.

Dann werden wir uns endlich wieder erkennen und daran erinnern, wer wir wirklich sind: grenzenloses Bewusstsein in einem Körper.

Unsere Körper werden im Prozess zunehmend an Dichte verlieren. Vorerst ist jedoch als erster Schritt wichtig, dass die Blockaden und Verhärtungen unser selbst in eine Auflösung gebracht werden, damit das Licht, unsere Energie, die wir permanent aus der Anbindung erhalten, wieder in den dauerhaften Fluss kommen kann. Je mehr Licht durch unsere Körper strömt, desto mehr werden sie heilen und neue Verknüpfungen entstehen. Durch diese Anbindungen werden uns beispielsweise Wissensspeicher wieder voll zugänglich werden, und wir haben die Chance, neue körperliche und mentale Fertigkeiten zu erlernen.

Lemuria ist somit in meinen Augen einer Blaupause gleichzusetzen für das, was schon einmal war, und das, was in unserer Zukunft liegt. Wir können dorthin sehr schnell gelangen, wenn wir diese Vision im Kollektiv auf den Weg bringen, da die Matrix bereits vorhanden ist. Alles, was zu tun ist, ist, uns wieder damit zu verbinden.

Es ist kein Weg, der allein gegangen werden muss, dessen Zugang wir allein erschaffen sollen. Es betrifft alle und alles. Wenn nur du dich auf den Weg machst, wirst du zwar für dich in gewissem Maße die Frequenz erhöhen können, partiell mehr Gesundheit, Kraft und Energie erlangen, möglicherweise auch deinen Körper heilen und verjüngen können, doch solange sich nicht das Kollektiv erhebt, werden immer wieder gegensätzliche Energien wirken. Diese manifestieren sich dann wiederum in verschiedenen Aspekten des Lebens. Je mehr Menschen also in den Prozess eingebunden werden und je mehr wir uns gegenseitig unterstützen, desto leichter und reibungsloser wird der Übergang stattfinden. Aus diesem Grund ist das Verbinden aller Gleichgesinnter nun so bedeutend.

Auch andere Lebewesen, die Natur und die Planeten befinden sich im Aufstieg. Es schreitet kein Bereich voran ohne den anderen. Wir befinden uns alle im gleichen Prozess des Erwachens und des Wachstums.

Die Basis für ein Leben im Paradies, in Lemuria, ist bereits vorhanden. Wenn es nicht so wäre, könnten wir es auf energetischer Ebene nicht finden, nicht spüren, uns nicht vorstellen, nicht damit in Resonanz gehen. Es geht nun um die Visualisierung dieses Paradieses auf kollektiver Ebene, sodass Wegbereiter, oder nennen wir sie »Brückenbauer«, die Verknüpfungen dazu erschaffen können.

Zeitgleich ist es wichtig, dass jeder beginnt, sich in seinem Tempo auf seinen persönlichen Weg zu machen, oder eher, sich selbst zu erkennen. In Wahrheit ist in uns bereits alles angelegt, vorhanden, und wir sind vollständig. Dennoch gibt es auf unserer menschlichen Ebene und persönlichen Reise individuelle Stärken, Talente und eine Einzigartigkeit zu entdecken, die uns beim wahren Erkennen unterstützen wird, limitierende Gedankenmuster und Blockaden in die Auflösung zu bringen. Wir alle sind machtvolle und kraftvolle Schöpfer, und es geht darum, wieder in die eigene volle Verantwortung zu gehen und diese ohne Ausnahme zu übernehmen.

Wenn Visionen kreiert werden und möglichst viele Menschen sich ihres Weges und Seins bewusst werden, ermöglicht das die nächste Ebene. Diese beinhaltet, dass Menschen, die es in ihrem Lebensplan tragen, anfangen können, ein Netz zu weben. Dies wird dichter und dichter gestaltet werden, bis die entstehende Matrix eine Realität erschafft. Eine neue Realität, die die alte nach und nach überblendet und verblassen lässt.

Dies ist die Blaupause für einen Weg, bei dem der Übergang viel leichter sein wird, als wenn wir gewaltsam alte Strukturen aufbrechen würden. Dass wir uns von ihnen verabschieden werden (müssen), steht für mich außer Frage. Aber das Aufbrechen führt zu neuen Wunden und Traumen, die zu lösen sind. Das ist ein alter Weg.

Vermutlich wird beides stattfinden. Wenn wir uns jedoch auf ein neues Vorgehen konzentrieren, werden wir uns leichter, schneller und sanfter in die neue Goldene Zeit – fast würde ich sagen: »katapultieren«, so schnell kann es dann gehen. Das Tempo ist grundsätzlich davon abhängig, wie viele gemeinsam aufwachen, klare und gemeinsame Visionen in sich tragen und ihren Teil dazu beitragen.

Die Goldene Zeit, sie wird eine Zeit des Friedens, der Harmonie, der Freiheit sein. Sie kann eine »Zeit des reinen Bewusstseins« genannt werden.

Unser Verstand kann jetzt noch nicht genau greifen, was ihn erwartet. Das ist nicht schlimm und entscheidend, denn es wird immer Menschen geben, die die Fähigkeit in sich tragen, in ihrer Vision und in der Bewusstseinsfrequenz einen gewissen Teil weiter hinausgehen zu können. Sie fühlen sich dann innerlich dazu bewegt, diesen Schritt voranzugehen, was es anderen leichter macht, zu folgen, bis auch größere Teile der Menschheit befähigt sind, Stück für Stück erinnert und mitgenommen zu werden. Auf diese Weise wird es uns möglich sein, im Kollektiv den Weg zu gehen. Es gibt immer jemanden, der eine Gruppe anführt oder anleitet, andere, die den Raum halten, und Menschen, die im Hintergrund auf die Gruppe achten und die Hand reichen. Noch viele Rollen mehr werden es sein.

Alles wird nicht gleichmäßig, sondern in Wellen vor sich gehen. Geprägt von Aktionismus auf der einen Seite und Stillstand und Ruhe auf der anderen. Ebenso gefüllt mit Wachstum in der einen Phase, Lösen und Loslassen in einer anderen. Beides ist nötig, und alles hat einen Rhythmus.

Im Fortschreiten sehe ich noch einen weiteren Aspekt. Wir werden in diesem Prozess immer wieder neue Bewusstseinslevel erreichen, was dazu führt, dass wir uns zeitgleich nicht mehr mit niederen Frequenzen (wie Scham, Hass, Angst) verbinden können. Diese sind dann einfach nach und nach wie nicht mehr greifbar, nicht mehr vorhanden in unserer wahrgenommenen Realität. Die Vorstellung würde dir wie im Film erscheinen, weil dein Körper damit gar nicht mehr in eine Resonanz gehen kann.

Immer durchscheinender wird unser wahres Sein, und wir können nicht mehr geblendet werden. Letztendlich erkennen wir dann vollkommen, was wir sind.

Genau dieses Wissen, was und wer wir sind, welche Rolle wir im Gesamten einnehmen, und das nicht nur auf der Erde, war in Lemuria bereits vorhanden. Nun können wir es wieder erfahren und entdecken, indem wir es erneut in unserer Realität erschaffen. Das Paradies ist in meinem Verständnis Frieden und die Liebe, die wir im Inneren und auch im Äußeren wahrnehmen, und weniger, dass wir den ganzen Tag unter Palmen liegen. Was sich im Goldenen Zeitalter maßgeblich vom aktuellen Zustand unterscheiden wird, ist der einzelne und kollektive Bewusstseinsgrad. Sicher werden wir weniger Zeit mit dem Arbeiten verbringen, schon allein, weil wir nicht länger künstliche Strukturen und Systeme nähren müssen, die viel Kraft und Aufwand benötigen. Wir werden aber auch das, was wir tun, nicht als Arbeit empfinden, weil jeder seinen Fähigkeiten folgt, in denen er ohnehin Freude, Leichtigkeit und Erfolg verspürt.

Ich freue mich auf die nächste Version von Lemuria und bin bereit, jede Möglichkeit zu eruieren, jeden Weg zu finden, die ersten Pfade zu ebnen und jeden von euch darin zu bestärken, in eure eigene Verantwortung und Stärke zu gehen, euch den Raum zu halten und gemeinsam mit euch zu wachsen, sodass wir zusammen dieses außerordentliche, einmalige und bedeutende Vorhaben verwirklichen können.

In Liebe für euch, für mich und alles, was ist
Miriam

Meine Erinnerungen an Lemuria

von Jeanne Ruland

Liebe ist leicht. Liebe ist Freude.
Liebe macht weit. Liebe entfesselt und befreit.
Liebe ist wie die Luft zum Atmen ... immer da.

Im Zentrum meines Herzens gibt es einen Schwingungsbereich, der offen, weit, leicht, frei, fließend und unbegrenzt ist. Wenn ich mich mit dem Zentrum meines Herzens verbinde, so kann ich die Frequenz und die Schwingung von Lemuria fühlen.

LE – eine leichte, freie Engelschwingung, die ihre Lichtflügel um mich herum ausbreitet und mich auf den Schwingen des Lichts trägt. Sie berührt meine Seele im Licht der Liebe so sanft, so zart, dass sich die Tore in die Lichtreiche wie von selbst öffnen und ich mich mit allem zutiefst verbunden fühle. Kristall (»Christ überall«) im leuchtenden Schein, in meinem Seelenheim.

MU – ein runder Raum, ohne Anfang und ohne Ende. Rund im wahrsten Sinne des Wortes, ein freier Raum, in dem ich mich treffen und verbinden kann. Ein Raum, kristallin, brillant strahlend, unbegrenzt und weit in alle Ebenen des Universums hineinreichend. In diesem Raum sind wir in Ewigkeit verbunden und können uns treffen.

RI – Glückseligkeit und Freude im Grunde unseres Seins, die uns hochfrequent schwingen lassen und uns mit der Fülle des Himmels verbinden. Uns gehört das Himmelreich. Reicher können wir nicht sein.

AN – der Klang des Herzens, über den friedlich neue kreative Impulse in die Welt strömen, um sie an das Paradies zu erinnern, das überall hervorblitzt und wieder am Werden ist.

Tief in unserer Seele tragen wir uralte Erinnerungen an Lemuria wie süß duftende Träume. Jeder von uns trägt seine eigene Erinnerung in seinem Herzen, über die er Zugang in die Paradiesschwingung bekommt, die uns im Leben tragen und führen kann und die Frequenzen erhöht, wo immer wir sind.

Lemuria war eine erleuchtete Gemeinschaft hochfrequenter Wesen, die in Wahrheit, Klarheit, Einfachheit, vollkommener Freude und Glückseligkeit, in Fülle und im Einklang mit der göttlichen Natur lebte, die alles im Überfluss für jedes Lebewesen sowie immer neue Möglichkeiten der Entwicklung und des Wachstums, der freudigen Aufgabe und des tiefen Erkennens bereithielt. Das ganze Universum spiegelte sich auf Erden und kam in der Form zusammen, um in einem tiefen Austausch im Einklang mit der Einheit zu wirken. Kein Sternensystem war zu weit, keine Welt zu fremd, jeder Ausdruck der göttlichen Liebe richtig.

Tief in mir trage ich das göttliche Atom und habe diese hochfrequenten Ebenen niemals verlassen, auch wenn ich sie in den Ebenen, in denen ich heute ab und zu wandere, noch nicht wieder-

finden kann – außer im Zentrum meines Herzens. Doch dazu sind wir hier: die Erinnerungen wachzurufen, die gebundenen Energien zu entfesseln, die Energie anzuheben und zurückzukehren in das Zentrum unseres Ursprungs, um nun in allen Ebenen und Dimensionen an diese Frequenzen zu erinnern.

Da ein Teil von mir diese Ebenen niemals verlassen hat, war ich schon als Kind glücklich, wenn ich mit mir selbst und in der Natur sein konnte. Dann bin ich eingetaucht in die geistigen, feineren Ebenen, habe meine Engelfreunde und feinstofflichen Spielkameraden um mich herum wahrgenommen und mich im Spiel in das Paradies, das auf anderen Ebenen immer noch existiert, vertieft, bis wieder die Frequenzen der jetzigen Inkarnation in mein Sein drangen und meine Seele erschütterten, sodass ich das Gefühl hatte, nicht hierherzugehören oder vertauscht worden zu sein. Viele Verhaltensweisen in dieser Inkarnation erschienen mir befremdlich. Meine Seele kannte ein liebevolles, freundliches, aufrichtiges und wohlwollendes Miteinander, im gegenseitigen wahrhaftigen Austausch. Sie sieht das eine Licht in allen Wesen, jenseits aller Konditionierungen. Hier auf dieser Ebene erschien der Austausch oft verzerrt, missverständlich, nicht wirklich nachvollziehbar und hallte in verschiedenen Absichten und nach verschiedenen Sichtweisen auslegbar zurück. So wurden mir Dinge unterstellt, die ich im Innersten nicht nachvollziehen konnte.

Da wir diese wundervollen erlösten und freien Ebenen in uns tragen, können wir aus ihnen heraus erlösen und befreien und mit unserem Körper wieder vollkommen in die nächste Dimension aufsteigen. Zahlreiche Menschen haben diesen Aufstieg zu allen Zeiten schon vollzogen. Sie werden Meister und Meisterinnen des Lichts genannt. Wir durchlaufen eine machtvolle Transformation, die jetzt hier mit der Erde stattfindet. Wir können nun die eigene

Geburt in die nächste Ebene des Seins erleben – und damit den Übergang zu einer neuen Erde.

Die Erinnerungen an das Paradies, die in unserem göttlichen Atom gespeichert sind, helfen uns in der Ausrichtung und dem Erwachensprozess auf eine neue Stufe. Lemuria reicht uns aus dem Land hinter dem Regenbogen die Hand, um diesen Weg in die Einheit auf Erden zu vollenden.

Immer wenn ich in diese Ebenen der Wirklichkeit gehe, ziehe ich mich nach innen zurück. Ich verbinde mich mit dem Paradies in mir. Dadurch ist es mir möglich, nicht in die Angebote dieser Welt einzusteigen, sondern der Liebe und den tiefen Werten meines Seins treu zu sein und neue, friedliche Wege zu gehen im Einklang mit dem Licht meines Herzens.

Hier auf der Erde gibt es herausfordernde Wege, Wege, auf denen wir erlösen und entfesseln können, und es gibt Wege, die sind ein Geschenk. Aus dem Herzen gelebt, sind alle Wege gut und wichtig, da wir daran wachsen und dadurch erwachen, wenn wir erkennen, dass alles dem einen Licht dient – und dieses eine Licht ist die Liebe, die in allem wohnt und wirkt.

Jeder von uns wird im Herzen unermesslich geliebt, aus dem Zentrum des Herzens geführt und kann sich an das Paradies erinnern, das übermenschliche Potenzial entfesseln und das einzigartige goldene Potenzial, das er in sich trägt, vollständig entfalten. Die Tür steht nun offen, der Schlüssel liegt in dir. Tritt ein. Der Atem des Göttlichen lädt dich auf und trägt dich. Lasse dich aus dem Herzen heraus führen, auch wenn du oft nicht weißt, wohin der Weg dich bringen wird. Du bist aufgehoben in der Liebe, getragen und geführt, jederzeit und überall.

Wann immer ich die vier Silben LE-MU-RI-AN spreche, fühle ich die Verbindung. Sie sind wie ein Zugangscode, ein Eintritt in das Paradies des Anfangs, und helfen mir, aus diesem heiligen Raum in mir heraus in der Welt zu wirken.

ÜBUNG:

Deine Erinnerungen an Lemuria

Lemuria existiert auf vielen Ebenen und ganz besonders im Zentrum einer jeden Seele. Jeder von uns trägt Erinnerungen an Lemuria, an das Paradies auf Erden, in seinem Herzen. Du kannst es erzählen, aufschreiben, aufmalen, auf deine Weise ausdrücken und dadurch immer stärker die Frequenz und die Schwingung des Paradieses hier in dieses Leben holen.

Nimm dir Zeit. Entzünde eine Kerze, mache es dir ganz bequem, sodass du entspannt Zeit mit dir selbst verbringen kannst. Nimm ein Papier bzw. dein Notizbuch und einen Stift zur Hand. Stimme dich auf Lemuria ein, indem du den Namen laut und langsam sprichst und in deinem Herzen erklingen lässt. Welche Erinnerungen trägst du in deinem Herzen? Wie sieht dein Paradies aus? Beschreibe es!

Die folgenden Impulse können dabei hilfreich sein. Schreibe alles, was dir dazu intuitiv in den Sinn kommt, nieder:

LE – Wie ist deine himmlische, deine höhere Schwingung?

Welche Schwingung hat deine Seele?
Welche Frequenz hat deine Essenz?
Ist sie ein Engelwesen?
Ist sie ein Sternenwesen?
Ist sie ein Elementarwesen?
Oder vereint deine Essenz verschiedene Aspekte?

MU – Wie sieht dein Paradies aus?

Wo liegt es?
Wie sieht die Landschaft aus?
Wie ist das Miteinander?

RI – Welche vorwiegenden Qualitäten findest du in deinem Paradies?

AN – Welchen Klang hat dein Paradies?

Wo kannst du einen neuen ANfang machen?

Spüre in dich hinein. Hier findest du ein paar weitere Schlagworte und Fragen:

- Ton
- Seelenmusik
- Geruch
- Geschmack
- Gefühl
- Licht
- Wärme
- Wie fühlt sich der Boden unter deinen Füßen an?
- Was nimmst du wahr?
- Wer ist bei dir und begleitet dich?
- Zu welchen Landschaften fühlst du dich hingezogen?
- Wie sieht das Zentrum aus?
- Welche Pflanzen nimmst du wahr?
- Welche Tiere sind bei dir?
- Welche Fähigkeiten besitzt du?
- Welche Position und welche Aufgaben übernimmst du in der Gemeinschaft?
- Wie würdest du das Gesamtbild beschreiben?

ÜBUNG:
Einheit entsteht durch uns

Wie im Himmel, so auf Erden. Wie innen, so außen!

In Lemuria schwangen die innere und die äußere Welt im Einklang. Durch den Fall Lemurias und die alten Speicher spüren wir oft eine Verschiebung der Ebenen in unserem Feld. Wir können beginnen, die Einheit zwischen oben und unten, innen und außen in uns wiederherzustellen. Dies bedarf etwas Übung.

Denke immer daran: Alles geschieht zuerst im Geist, bevor es sich manifestiert. Geistige Energie kann auf das Höchste ausgerichtet sein. Wechsle zwischen der Freiheit deines Seins und der beschränkten Wirklichkeitsperspektive der Erde hin und her, so lange, bis ein Weg, eine Einheit von Innen und Außen, von Oben und Unten entsteht. Oft sind wir nicht bei uns, sondern funktionieren nur. Das führt dazu, dass unsere Handlungen keine richtige Kraft haben. Wenn wir uns im Herzen zentrieren und ausrichten, z. B., indem wir die Hand auf unser Herz legen und zuerst innerlich fühlen, was wir ausdrücken möchten, dann werden unsere Handlungen authentisch und erhalten Kraft. Es braucht dann oft gar nicht viel, um gesehen oder gehört zu werden, da es aus dem Herzen schwingt.

Um dir dies bewusst zu machen, schreibe dir zuerst auf, was du in deinem Herzen fühlst und möchtest. Dann erst kommuniziere es.

DIE PARADIESMATRIX – das göttliche Entwicklungsmuster

Das göttliche Entwicklungsmuster
ist in unserem Lichtkern angelegt.
Wenn wir in der Stille, im Frieden, im Seienden ruhen,
können wir die jubilierende Stimme
unseres Herzens wahrnehmen,
die Freude, Weite, Freiheit und Glückseligkeit ist.

Der göttliche Plan für die Erde hat eine einheitliche Basis: DIE LIEBE, DIE IST … Dieser Plan liegt inmitten deines eigenen Herzens und nicht in einem weit entfernten Himmel.

DER PAZIFIK gilt auch als der Stille Ozean, der OZEAN DES FRIEDENS. Die Stille und der Frieden sind der Eintritt in die höheren Bereiche. Frieden ist immer da. Werde ruhig, beruhige das Wasser in dir, sodass es zu einer klaren Spiegelfläche wird, in der sich der Himmel und die Sterne klar und rein widerspiegeln können. Hier ergibt sich Raum für alle und alles, Raum für Neues. Unermesslicher, grenzenloser Raum, frei, weit, offen und mehr als genug für alles und jeden. Stille, Frieden, Innehalten, Eintauchen in die unermessliche Weite und Größe des Seins sind der Schlüssel in das Paradies. Und Frieden ist dein Wesen. Inmitten des Friedens, inmitten der Stille, reicht ein Tropfen, um sich wellenförmig in alle Ebenen auszubreiten, zu vibrieren und zu schwingen. So reicht ein Gedanke, um dich und diese Welt zu verändern.

VERLETZE NIE – HILF IMMER.
Dieser Leitsatz bietet den Ausstieg aus dem Rad des Leids und der Anhaftung.

Verbinde dich mit dem lebendigen HERZSCHLAG und dem ATEM der Schöpfung.

Im ewig Seienden fühle dich willkommen, genau so, wie du bist. Fühle dich angenommen, genau so, wie du bist. Fühle dich verbunden und eingebunden in die Gemeinschaft der Liebenden, die dich umhüllt und annimmt, genau so, wie du bist. Fühle dich in der Einheit. Fühle dich eins mit allem. ICH BIN.

Verbinde dich mit der großen Stille. Schaue in den Himmel, entdecke das Meer der Freude und den Ozean des Friedens dort, wo du gerade bist. Tauche ein in die Grenzenlosigkeit des Seins. In die Formlosigkeit der Form, in die Stille des Universums. Alles ist möglich – jederzeit und überall. Es gibt keine Grenzen, nur unbegrenztes Sein in einer sich stetig verändernden Form.

Anrufung

»Ozean des Lichts und der Liebe, der immer da ist,
der die Schleier der Illusion lüftet und hinfortspült,
reinige mich vom Staub der Straßen,
durchflute mich, durchströme mich.

Löse in sanften Lichtexplosionen
die Knoten und Blockaden,
die sich in meinem Lichtkleid angesammelt haben,
sodass es sich wieder ausdehnt, weitet, entspannt,
aufatmet und aufladen kann in all seinen Farben
und harmonisch sich verändernden Mustern.

Erleuchte jedes Atom im diamanten, brillanten Licht,
das in der Sonne der Ewigkeit in allen Farben in mir und
durch mich schimmert.

Ich bade in dir. Du strömst durch mich.
Möge mein Lebensstrom
eingebettet in den kosmischen Lebensstrom
ein Segen sein für alle und alles.
Perfekt entfaltet sich alles.«

ÜBUNG:
Verbringe Zeit mit dir selbst!

Verweile täglich mindestens 5–10 Minuten im Frieden und in der Stille.

Notiere dir, welche Impulse du in der Stille empfängst, welche Gedanken dir in den Sinn kommen oder wie es dir im Frieden ergeht. Welche Entwicklungsschritte kannst du machen, wenn du im Frieden angekommen bist? Im Alltag wähle den friedlichen Weg, im Einklang mit deinem Herzen.

ÜBUNG:
Lerne dich selbst besser kennen

Jeder von uns hat eine besondere Gabe in diese Welt mitgebracht. Was liebst du an dir selbst? Fühle in dich hinein. Was sind deine besonderen Gaben? Frage deine Familie, deine besten Freunde. Was lieben sie an dir besonders?

IMPULS:

Das göttliche Entwicklungsmuster

Wie im Himmel, so auf Erden.
Wie im Licht, so in der Form.
Wie im Innen, so im Außen.

Jeder von uns ist ausgestattet mit dem Geschenk, Schöpfer zu sein, einen freien Willen zu haben und mit der Lebensenergie zu experimentieren – und somit Erfahrungen zu machen und zu erschaffen. Jeder von uns trägt die Werkzeuge der Schöpferkraft und Samen der Göttlichkeit in sich. Der Same entfaltet sich in der Ausrichtung auf das eigene Zentrum im Herzen und in der Öffnung für das universelle Licht von ganz allein. Wir alle tragen das göttliche Entwicklungsmuster und schöpferische Kräfte in uns. Dazu zählen:

› Frequenz, Vibration, Energie und Ausstrahlung
› Gedankenkraft
› Worte
› Bewegungen

Entdecke deine schöpferischen Kräfte. Spiele mit deinen schöpferischen Kräften. Beobachte dich selbst in deinen Gedanken, Überzeugungen, Gefühlen und Handlungen.

Lemuria und die Wassertempel des Anbeginns

Lemuria war eine alte Zivilisation, die noch vor dem atlantischen Zeitalter existierte. Die zu dieser Zeit inkarnierten Seelen waren sehr spirituell. In Lemuria waren die Menschen so hoch entwickelt, dass sie eine telepathische und lichtvolle Existenz führten, die sehr stark mit dem emotionalen Selbst und mit der Einheit, mit allem, was ist, verbunden war. Sie lebten stets im gegenwärtigen Moment und nutzten die göttlichen Energien. Ihre Frequenz war auf einer sehr hohen Schwingungsebene. Sie schufen die Realität, indem sie von ihrer Existenz träumten.

Die Lemurianer waren mit Mutter Erde, Gaia oder auch Terra, wie sie ihre Mutter gern nannten, eng verbunden und trugen die Codes der bedingungslosen Liebe in ihrer Blaupause. Während dieser Zeit existierten die Lemurianer zusammen mit den Elementar- und Sternenwesen und mit den Delfinen in Harmonie. In Lemuria war die Kommunikation zwischen der Menschheit, den Sternenwesen und den verschiedensten Rassen auf anderen Planeten und in anderen Sternensystemen völlig normal. Die alten Lemurianer wurden von Wesen aus Orion, Sirius, den Plejaden, Antaren, Arkturianern und vielen anderen Sternenvölkern auf die Erde gebracht.

Die Delfine hielten die Codes und die Kommunikation in ihrem geschaffenen Delfinreich. Die Kommunikation mit ihnen und den Walen erfolgte stets telepathisch und intuitiv. Die Menschheit hat viel aus dem Delfinreich gelernt, und bis heute erinnern sich viele Menschen daran und empfinden große Freude und Glückseligkeit bei der Verbindung mit Delfinen. Viele Lemurianer inkarnieren gerade jetzt auf Mutter Erde, Terra, um mit ihrem heilenden Wissen und ihrer starken Liebe bei dem größten Aufstiegsprozess in der Geschichte der Menschheit zu helfen.

Delfine sind Wesen der 12. Dimension, die das Gitter der Erde in ihrer Gehirnstruktur halten. Die Delfine kommunizierten mit den Menschen während des Zeitalters von MU mittels holografischer Muster und übertrugen Bilder in Form von Lichtpaketen von ihrem Gehirn zu dem der Menschen, um ihnen zu helfen. Bei dieser Form der Kommunikation ging es darum, das Lichtgitternetz von Mutter Erde stets auf einer sehr hohen Schwingungsebene zu halten.

Alle Delfine halten in ihrem Gehirn die holografischen Strukturen und Symbole, die es ermöglichen, dass mehr Licht in den Raum von Mutter Erde eindringen kann. Als Teil der Evolution verlangt die Mutter von den alten Weisen aus Lemuria, sich heute wieder mit ihrem heiligen Wissen zu verbinden und die Anbindung an ihre Ahnen wiederherzustellen, um beim Erreichen der nächsten Evolutionsstufe der Erde zu helfen.

Die alten lemurischen Delfintempel des Lichts existieren noch heute. Menschen und Delfine tauschten Codes der bedingungslosen Liebe, die die Delfine sangen und in die zentrale Blaupause des Menschen einstimmten. Viele von uns erinnern sich an diese Kommunikation, und sie können noch einmal die Symbiose zwischen Delfin und Mensch erleben, die es ihrem Herzen ermöglicht, mit Freude zu singen. Die Delfintempel sind über Energiewirbel mit Mutter Erde verbunden, in denen die Delfine arbeiten, um die Leyline-Energie tief im Meer aufzuladen. Durch die Wiederverbindung mit den Tempeln aus MU können wir Gaia, in Lemuria auch TERRA genannt, bei der Visualisierung und Stabilisierung unterstützen. In diesen Tempeln entstehen physische Symbole und Muster, die wir als Menschheit benötigen, um als Teil des Wandels in ein Goldenes Zeitalter mehr Licht aus der Quelle auf die Erde fließen zu lassen.

In Lemuria wurden zwölf Tempel geschaffen, die ätherisch noch immer existieren und sich in den Gebieten von Hawaii, Bali, Yucatan (Mexico) und Samoa befinden.

MEDITATION:

Lemuria und der Delfintempel der Anbindung

Vorbereitung:

Suche dir einen ruhigen Ort, an dem du dich wohlfühlst und nicht gestört wirst. Dieser Ort kann in deinem Zuhause oder auch in der Natur sein, im Wald, an einem Bach oder einem anderen Ort deiner Wahl, der sich für dich vollkommen richtig anfühlt. Finde einen Platz, an dem du vor der prallen Sonne geschützt bist, da diese Übung dein ganzes Energiesystem verstärkt und deine Wahrnehmung stark erweitert.

Schalte alles ab, was dich ablenken könnte, wie Mobiltelefon und Tablet, oder wenn du zu Hause bist, die Türklingel etc. Wenn es dir hilft, leichter abzuschalten, kannst du eine leise angenehme Musik laufen lassen. Auch kann dich ein schönes Bild, das du fokussierst, einfacher in einen ruhigen und gleichmäßigen Gemütszustand versetzen. Es geht darum, deinen Verstand zu beruhigen, um die höheren Frequenzen, die einströmen, besser fließen zu lassen. Du kannst entweder auf dem Boden sitzen oder eine aufrechte Haltung auf einem Stuhl einnehmen. Beide Füße stehen fest auf dem Boden. Die Schuhe kannst du gern ausziehen, wenn es dir möglich ist. Es gibt kein Richtig oder Falsch. Mache alles so, wie es sich für dich gut anfühlt, und so, wie du am bequemsten sitzen kannst. Falls deine Kleidung dich einengt oder der Gürtel etwas zu fest sitzt, lockere sie/ihn. Mache es dir für diese Übung so bequem wie möglich, ohne dass du dabei gleich einschläfst.

Meditation:

Schließe deine Augen. Atme tief durch die Nase ein, und fülle deine Lungen. Halte jeden Atemzug, und zähle in Gedanken bis drei. Atme dann entspannt durch den Mund aus, bis sich deine Lungen vollkommen entleert haben. Wiederhole dies zwei weitere Male, und entspanne dabei. Entspanne dich vollkommen, und erlaube dir, einfach zu sein.

Stelle dir vor, dass du schwebend in einem wunderschönen Ozean aus aquamarinblauem Wasser schwimmst, das Wasser ist weich und angenehm warm. Sanfte Wellen ziehen an dir vorbei, sie heben deinen Körper ganz sanft an, und du lässt dich von ihnen hinforttragen. Erlaube dir, dich behutsam von diesen Wellen tragen zu lassen.

Du steigst mit einer Welle auf und lässt dich hinter ihr sanft hinab zur nächsten gleiten. So ist es mit jeder einzelne Welle, die dich erfasst.

Du gehst tiefer in das Gefühl von völligem Frieden und Geborgenheit. Du hörst das Geräusch der Wellen und des sanften Wassers um dich herum. Und du hörst weitere Geräusche. Es sind dir sehr bekannte Zwitscher- und Delfinlaute. Sie erfassen dich nun vollkommen.

Du siehst plötzlich, wie Delfine fröhlich direkt an deiner Seite schwimmen. Sie heißen dich herzlich willkommen, sie haben bereits auf dich gewartet. Sie wollen dich heute zu einem heiligen Ort bringen. Einem ganz besonderen Ort, also schwimmst du mit deiner Delfinfamilie ins Meer hinaus.

Sie führen dich zu einer Stelle, in der das Wasser wärmer wird, zu einer wunderschönen Stadt, die vollkommen aus Kristall und Licht errichtet ist. Die Stadt scheint auf dem Wasser zu schweben. Die Delfine schwimmen mit dir durch einen Kanal, der dich direkt in die Stadt führt. Du kommst an einem wunderschönen Pool mit aquamarinblauem Wasser an und siehst die goldene Sonne, die hoch über der Stadt steht und durch viele Kristallkuppeln scheint.

Du schwimmst durch den Pool unter ein Kristalldach, das aus flüssigem Wasser gemacht ist. Du schwebst mit den Delfinen in diesem schönen, energetisierten Wasser und entspannst dich noch mehr.

Du erinnerst dich an dein Selbst im Paradies, im magischen Land von MU, Lemuria.

All die Schwere, die du damals, nach der Trennung angesammelt hast, schmilzt und löst sich im diesem Pool aus flüssigem Licht, in dem du schwerelos schwebst, vollständig auf.

Du schwebst an den Rand des Pools und steigst aus dem Wasser. Nun stehst du vor einer riesigen Kristallwand, sie ist wie ein großer Spiegel. Du schaust in den Spiegel und siehst dich selbst. Du siehst dich in deinem wunderschönen kraftvollen und makellosen Körper von damals in MU. Ein glänzendes, schillerndes Gefühl stellt sich ein. Du fühlst es durch und durch. Deine Anbindung von einst ist wieder vollkommen präsent und spürbarer als jemals zuvor. Du bist zurückgekommen.

Du verbindest dich mit diesem Wesen, das du bist, ganz in deinem eigenen Tempo, in völliger Gelassenheit und in völligem Frieden. Du bist Liebe, du bist pures Gewahrsein des Lichts von MU. Als du diese Wahrheit in dich integrierst, gleitest du entlang der kristallinen Bahnen der Stadt auf einer Art Schwebekissen. Es bringt dich ins Zentrum der Stadt, an den Eingang eines vibrierenden majestätischen Gebäudes.

Du wurdest zum großen Tempel des ANbeginns von MU geleitet und gehst mit langen Schritten unter die riesige Kristallkuppel aus purem kristallinen Licht. Sie ist heller als tausend Sonnen, und dennoch wirst du nicht von ihr geblendet.

In der Mitte der Kuppel steht ein übergroßes lichtvolles Wesen. Es sieht aus, als sei sein Körper aus reinstem durchscheinendem blauem Licht. Das Wesen schaut dich liebevoll an und lädt dich ein, näherzukommen. Das blaue Wesen hält eine Art Antenne, eine Kristallspitze, die nach oben durch die Mitte der Kuppel in den Sternenhimmel zeigt. Du siehst nun auf dem Boden in der Mitte der Kuppel einen Stern, der von zwölf Punkten umgeben ist, und gehst auf ihn zu, bis du auf einem dieser Punkte stehen bleibst.

Du weißt bereits, was nun geschieht. Du bemerkst deine Brüder und Schwestern, die sich nun im Kreis um den Stern stellen und den Raum mit einer großen Liebe erfüllen. Jeder von ihnen nimmt seinen Platz wieder ein und stellt sich auf einen der zwölf Punkte des Sterns.

Sie alle schauen sich im Kreis um. Ja, sie sind es, deine Familie, deine Lichtfamilie. Sie alle sind wieder vereint im lichten Kreis. Einige von ihnen sind dir vielleicht noch bekannt, weitere werden noch kommen, wenn die zentrale Sonne und die kristalline Antenne in vollkommener und perfekter Konstellation stehen.

Und so geschieht es, dass ein wunderschöner, leuchtender Goldstrahl aus der zentralen Sonne heraus bis in die Mitte des Gebäudes hinunter auf den Stern strahlt. Intuitiv schickst du einen Lichtstrahl von deinem Herzen in das goldene Licht und verbindest dich mit ihm. Wogen der Einheit erfassen dich nun, und du schickst einen Strahl um den Kreis der Anwesenden, deine Schwestern und Brüdern aus MU, der Herz zu Herz verbindet.

Deine Lichtfamilie spricht die Absicht in der alten Sprache, die Blaupause für das höchste Gut, das höchste Licht aus der Quelle anzufordern. In der Mitte eures Kreises ist eine perfekte Nachbildung des Planeten Erde, eurer Mutter, und sie ist in ihrer perfekten Form vollständig geheilt. Du siehst das aufgestiegene Wesen der Erde, du erfasst dieses wunderschöne, über alles erhabene Wesen der Mutter und die Vereinbarung, die sie mit dir und allen in Lemuria getroffen hat.

…

Du siehst Bilder an dir vorbeiziehen, einige von deiner Familie. Du spürst Gefühle, die plötzlich im Raum präsent sind, und du bringst jetzt zwei davon mit in den Kreis.

…

Sie beide sind ein Teil dieser neuen Erde. Sie ist, wie wir es geschehen lassen. Das Paradies auf Erden. Du erinnerst dich an das Lachen und an die tiefe Verbindung und Liebe, die du mit allen spürtest. Erinnere dich daran, wer du wirklich bist: ein kraftvolles, prächtiges Lichtwesen.

Und du bringst jetzt dein vollkommenes Wesen aus der Einheit in diesen Körper, in diesen Raum, und lässt es in dir bewusst werden. Siehe und spüre, wer du jetzt bist. Erfrage die Weisheit und das Wissen über dich selbst. Wie war es damals in Lemuria?

...

Alles steht dir wieder vollkommen zur Verfügung, jetzt in diesem Leben, und so bringst du alles wieder in das Hier mit. Alle Erinnerungen, alles Wissen.

...

Du empfängst im lichten Kreis deiner Familie, dass das Volk von MU eine wichtige Botschaft für dich hat, und du hörst dir diese Botschaft freudig an.

...

»Wisse, dass alles gut ist, der Plan ist perfekt. Wir sind die Schöpfer, die den vollkommenen Plan erfüllen werden. Es gibt nichts außerhalb von uns, wir sind es, die alles hierherbringen. Wir sind es jetzt, die diese Energie mit zurück in diesen Raum tragen.

Fühle es in deinem Körper, fühle es in deinem Körper, fühle es in deinem Körper.

Fühle es in deinem Herzen, fühle es in deinem Herzen, fühle es in deinem Herzen.

Liebe, Harmonie und Schönheit, das ist es, was du bist. Du bist das Geschenk auf dieser Erde. Du bist der Segen, du bist diese reine, bedingungslose Liebe.«

…

Du badest in dieser Liebe der Einheit und erfährst eine Kraft in dir und deinem ganzen Wesen. Es ist die Anbindung an deine wahre Herkunft.

Deine Familie, die immer noch im Kreis mit dir steht, hält den Raum für dich. Einer nach dem anderen schaut dir liebevoll in die Augen, heißt dich willkommen und bedankt sich für dein Licht im Kreis. Du fühlst dich geborgen und vollkommen angenommen. Du bist zurückgekehrt, und in dir erblüht ein Gefühl völliger Dankbarkeit, und ein noch nie dagewesener Frieden legt sich über dein ganzes Sein. Du fühlst deine pure Präsenz, die voller Licht pulsiert.

Es ist vollbracht. Der lichte Kreis ist wiederhergestellt. Deine Kraft ist zurückgekehrt.

Du nimmst abermals das große blaue Wesen wahr. Es steht immer noch im Zentrum des Raumes und schaut dich liebevoll und voller Güte an. Der Kristallstab in seinen Händen löst sich vollständig auf und verschwindet mit einem leichten Schimmern im Äther.

Du erkennst nun das Lichtvolle, Blaue in seinem ganzen Wesen und gehst auf es zu. Es öffnet langsam seine Arme, und du kommst ihm nun ganz nahe. Du bist voller Vertrauen und Liebe. Das lichtvolle Wesen nimmt dich ganz sanft und zart in seine Arme und hält dich. Es hält dich, und du verbindest dich mit der Einheit und bleibst in diesem vollkommenen Moment.

…

Wellen der Liebe strömen in dein Sein, du bist zu 100 Prozent angebunden an alles, was ist.

…

Es kommt dir vor, als hättest du mehr als eine Ewigkeit im Tempel verbracht. Du fühlst dich ausgelassen und frei. Pure Freude und Dankbarkeit werden dir mit jedem Atemzug zuteil.

Du wirst dir deiner selbst und deines Körpers immer mehr gewahr und bringst dich wieder zurück zu diesem Ort mit dem Wissen und der Anbindung aus MU. Wenn du dich bereit fühlst, fange an, dich langsam zu bewegen. Strecke und dehne deinen Körper, deine Finger, deine Fußspitzen, deine Arme und Beine, und komme wieder vollkommen im Hier und Jetzt an.

Was hast du erhalten?
Was hast du erfahren?
Worum geht es hier und auf dieser Reise?

Schreibe es auf!

In den nächsten Tagen und Wochen werden weitere Hinweise und Erinnerungen zu dir zurückkehren.

DER WEG IN DAS GOLDENE ZEITALTER mit der Heilkraft der Natur

Die westliche Medizin kann eine Krankheit BEHANDELN, aber die Natur hat die Kraft, sie ZU HEILEN.

Die Erde – unser Lebensraum

Die Natur ist unser höchstes Gut. Sie ist unsere Existenz und unsere Lebensgrundlage. Genauso wie die Erde, unsere Mutter. Gemeinsam bilden sie unseren Lebensraum, die Nahrung, die wir aufnehmen, und das Wasser, das uns versorgt, reinigt und informiert. Die Natur ist voller Kraft und Schönheit. Ihre Pflanzen und Bäume wachsen und erneuern sich, wieder und wieder. Sie zeigt uns Perfektion und erinnert uns mit allem, was sie ist, an unser wahres Sein, an unseren Ursprung, an unseren Rhythmus. Sie ist alles. Und alles sind wir.

Gebet für Mutter Erde

»Mutter, Vater, Gott, ich danke dir für deine bedingungslose Liebe für alles Sein, danke für den Lebensraum, den du uns anvertraut hast, unsere geliebte Mutter Erde.

Gott, ich bitte für mich, meine Familie, meine Vorfahren und die gesamte Menschheit in der Vergangenheit, Gegenwart und Zukunft für alle Verletzungen, die wir der Erde und allem Leben auf und in der Erde durch Gedanken, Worte oder Taten angetan haben, wissend oder unwissend, um Verzeihung.

Gott, ich bitte im Namen der gesamten Menschheit unsere Mutter Erde, all ihre Lebewesen, die Natur, die Tier- und Pflanzenwelt jetzt um Vergebung. Bitte hilf Mutter Erde und all ihren Lebewesen, uns allen zu vergeben, die wir wissentlich oder unwissentlich diese Verletzungen und Ungerechtigkeiten, die Verunreinigungen, Verschmutzungen und Ausbeutungen der Erde und allen Lebens verursacht und auch geduldet haben.

Gott, ich bitte dich, uns allen zu helfen. Bitte hilf uns, auch uns selbst zu verge-

ben für alles, was wir uns selbst in Gedanken, Worten und Taten angetan haben, und lasse uns uns gegenseitig für alles vergeben und uns dadurch frei werden.

Gott, hilf uns, Wege zu finden, die Erde und uns selbst zu heilen, achtsamer zu sein im Umgang mit der Mutter und sie zu ehren. Hilf uns, Wege zu finden, mit allem Leben und allen Ressourcen verantwortungsbewusst umzugehen und im Einklang und in gegenseitiger Achtung zu leben. Lasse uns erkennen und lernen, in noch größerem Maße zurückzugeben.

Gott, ich bitte darum, dass von diesem Moment an alle Menschen in ihrer Geschwindigkeit und entsprechend ihrem Weg ihr volles Bewusstsein wiederentdecken. Hilf uns allen, unsere Verantwortung für uns selbst, füreinander und für alles Leben zu erkennen, zu übernehmen und zu leben. Lasse Frieden und Harmonie die Basis unseres Miteinanders sein. Lasse unsere Worte, unsere Gedanken und unsere Handlungen klar von unserer inneren Stimme geleitet sein, sodass sie der höchsten Liebe und dem höchsten Licht entsprechen. Lasse Heilung, Gesundheit und ein Leben in Fülle und Freude unser höchstes Gut und unsere wahre, verwirklichte Natur sein. Jetzt und für immer.

Gott, wir schenken dir und unserer Erde unsere immerwährende Liebe und danken dir und unserer Erde für eure Liebe und unser Leben. Danke Gott, danke Gott, Amen.«

ÜBUNG:

Mutter Erde

Spüre in dein Herz, spüre den Herzschlag von Mutter Erde und allem Leben auf diesem Planeten. Erlaube dir, deine Stimme zu erheben und durch den Klang deiner Worte dein Gebet für Mutter Erde zu sprechen. Wenn du gezielt ein Gebet für unsere Mutter Erde in deine täglichen Gewohnheiten miteinfließen lassen möchtest, kannst du das vorangegangene nehmen, das die Klärung und Vergebung in den Vordergrund rückt, Blockaden in die Auflösung bringt und den Weg frei macht für neue und lichtvollere Energien. Dieses Gebet benennt Gott, du kannst ihn auch durch »Schöpfer«, »universelle Kraft« oder einen für dich stimmigen Begriff ersetzen.

Zu Zeiten Lemurias nahmen unsere Verbindung mit der Erde, unsere Wertschätzung für sie, ihre Schätze, ihre Lebewesen und das Leben im Einklang mit der Mutter den höchsten Stellenwert ein. Es war für uns jederzeit eine Selbstverständlichkeit, allen Lebensraum zu ehren, in Dankbarkeit zu segnen und besser zu hinterlassen, als wir ihn vorgefunden haben.

Heutzutage haben wir das nicht nur vergessen, wir nehmen es sogar als selbstverständlich an, dass die Erde zusammen mit der Natur grenzenlos gibt und wir uns im Gegenzug alles nehmen können, was wir zum jetzigen Zeitpunkt benötigen. Nur ein geringer Teil der Weltbevölkerung, die Naturvölker, bezieht in all ihre Entscheidungen die Auswirkungen und Konsequenzen auf die nächsten sieben oder sogar zwölf Generationen mit ein. Im deutschsprachigen Raum dagegen machen sich Eltern Gedanken um die Zukunft ihrer Kinder, Großeltern um die ihrer Kindeskinder, doch weiter reicht das Ausmaß der Konsequenzen unseres Entscheidens und Handelns scheinbar nicht. Wir haben uns verloren.

Wir haben Trennung zugelassen, auf so vielen Ebenen. Wir lassen Synthetischem in vielen Aspekten unseres Lebens den Vorrang vor Natürlichem. Folgen ebenso künstlichen Rhythmen und laufen Statusobjekten hinterher. Wir sind im Hamsterrad gefangen und beschäftigt mit all den Tätigkeiten, die wir glauben, ausführen zu müssen. Ohne Pause. Wir spüren uns nicht mehr, suchen Erlebnisse und Erfahrungen im Extremen. Bauen höher, schneller, weiter, benutzen die Natur und genießen sie nur hier und da. Dabei wundern wir uns über Naturgewalten, Stürme und Katastrophen und behandeln sie als Launen der Natur, die mit uns scheinbar nichts zu tun haben.

Nun liegt es an uns, das Bewusstsein voll zu entwickeln, dass wir die Ressourcen unseres Planeten gerade an die äußersten Grenzen bringen. Warum auch immer, machen wir weiter wie bisher und vertrauen darauf, dass der Regenerationsprozess in gleichem Maße weiterfunktioniert wie bisher. Wir erwarten, dass sich immer wieder alles erneuert. Aber wie können wir davon ausgehen, solange wir den Mechanismus dahinter nicht kennen? Auch nicht die Energie, die immer wieder erschafft und Wachstum bringt. Wann ist auch dieser Speicher leer und sind die Grenzen ausgereizt? Wir können diese Themen nicht einfach ignorieren. Die Erde ist krank, das System, das wir aufgebaut haben, krankt ebenso und beutet uns selbst aus.

Es ist eindeutig GENUG. Die Heilung auf allen Ebenen ist lebensnotwendig. Für alles Leben. Unsere Mutter Erde nimmt Kontakt auf zu allen, die bereit sind, hinzuhören, und sie bittet uns, ihre Kinder, eindringlich um Unterstützung. Die Zeit läuft uns davon.

Vergiss nie: Wir sind alles, und unsere Erde ist alles. Und alles sind wir. Wir sind verbunden.

Du fragst dich, wie unsere Heilungsschritte konkret aussehen können? Zuerst ist es wichtig, diese Themen in unser Bewusstsein, in unsere Wahrnehmung zu bringen, zu erkennen und dann Lösungsmöglichkeiten zu suchen. Da wir alle eins und verbunden sind, ist es ebenso wichtig, dass du und wir alle in unsere Natur und Stärke zurückkehren. Dadurch heilen wir auch die Tier- und Pflanzenwelt und schlussendlich unseren gesamten Lebensraum.

Erschaffen wir Gesundheit und Wohlbefinden in uns, bringen wir Heilung für Mutter Erde. Heilen wir die Mutter, so tut sie das Gleiche für und mit uns. Wie im Innen, so im Außen. Wie außen, so innen. Für diesen Heilprozess braucht es mehrere Ebenen: Frequenzerhöhung, Neuausrichtung und Aktion.

Frequenzerhöhung

Frequenzerhöhung, was bedeutet das konkret? Emotionen wie Liebe, Angst, Schamgefühl, Wut und noch viele mehr sind Energie und haben unterschiedliche Frequenzen. Genauso besitzt alles, was uns in unserem Leben begegnet, sowie wir selbst ein energetisches Muster.

Alles ist Energie. Je leichter und feinschwingender sie ist, desto höher ist die Frequenz. Je dichter sie ist, desto mehr Schwere fühlen wir.

Wie kannst du also deine Frequenz erhöhen, um zu mehr Bewusstwerdung und Heilung beizutragen? Indem du möglichst viele der nachfolgenden Aspekte in dein tägliches Leben hineinbringst:

- Bete und meditiere.
- Vermehre positive und liebevolle Gedanken über dich selbst, andere und in Bezug auf Situationen.
- Bringe Mitgefühl und Verständnis für dich und andere auf.
- Höre auf deine innere Stimme, und entscheide dich für die Dinge, von denen du weißt, dass sie richtig sind für dein Leben.
- Widme dich dem Klären von Blockaden in deinen Körpern (physisch, mental, emotional, spirituell), in deinem Leben und in unserer Gesellschaft.

- Nimm gesunde, naturbelassene und lebendige Nahrung zu dir.
- Höre stimmungsaufhellende Musik wie z. B. klassische Stücke, Musik mit spezifischen Frequenzen, Entspannungsmusik.
- Höre und singe Mantren.
- Gehe in die Natur, und nimm sie wahr, fühle sie in Dankbarkeit.
- Verwende die ganzheitliche gebündelte Naturkraft in Form von hochwertigen, reinen ätherischen Ölen in den Momenten, in denen du nicht draußen sein kannst, für dein körperliches und emotionales Wohlbefinden, aber auch zur Steigerung deiner Frequenz.
- Widme dich deiner persönlichen Weiterentwicklung.
- Bringe deine Kreativität zum Ausdruck.
- Sei in allem, was du denkst, tust und aussprichst, in Frieden, Liebe und Harmonie.
- Bringe dein Herz, deine Gefühle und deine Gedanken in Einklang.
- Tue dir selbst etwas Gutes, und beschenke dich mit Liebe zu dir selbst.
- Bringe so viel wie möglich an Mitgefühl, Dankbarkeit, Liebe, Geduld, Freude, Frieden und glücklichem Sein in dein Leben.
- Gönne dir Pausen und Momente der Stille.
- Lege das Urteilen und Bewerten anderer ab. Du kennst die Bedingungen und Gründe nicht, aus denen sie ihre Entscheidungen gewählt haben.
- Sprich deine Wahrheit aus, und verbinde deine Worte mit deinem Herzen.
- Nimm alle Situationen in deinem Leben an. Respektiere und liebe sie, denn sie sind ausschließlich für dein persönliches Wachstum kreiert.
- Atme tief und möglichst viel frische Luft für eine gute Sauerstoffversorgung.
- Genieße und schätze das Geschenk des Lebens.

ÜBUNG:
Frequenzerhöhung

Was hilft dir persönlich, deine Frequenz anzuheben, zu erhöhen und in Freude, Frieden und Leichtigkeit zu schwingen? Notiere es!

Je mehr du das, was du dir notiert hast, in deinen Alltag integrieren wirst, desto stärker wird sich dein Wohlbefinden verbessern. Du wirst diese Veränderung und den Einfluss auf deine Lebenssituation und deine Reaktion darauf schnell feststellen können. Du wirst merken, dass dieses Anheben der Frequenz in vielen Bereichen automatisch mit einer Transformation und einem Heilprozess einhergeht und von großer Bedeutung ist. Schenke dieser, deiner Wandlung immer und immer wieder deine volle Aufmerksamkeit. Tag für Tag und in allen Momenten, in denen du daran denkst.

IMPULS:

Wie hoch schwingt deine Frequenz?

Heilung geschieht mit Liebe im Hier und Jetzt.

Liebe, Mitgefühl, Freude und Glückseligkeit haben eine hohe Frequenz und Schwingungsebene. Wir können darauf achten, unsere Energie hoch zu halten, indem wir immer wieder innehalten, uns aufladen und uns auf höhere Ebenen ausrichten.

Stelle dir eine Skala von 1 bis 100 % vor. Spüre in dich hinein. Auf welcher Frequenz schwingst du gefühlt?

Bei über 50 % Energie sind wir in der Lage, positive Energie auszustrahlen.
Bei über 80 % Energie verströmen wir heilende Frequenzen in unserer Umgebung.
Bei unter 50 % Energie beginnt ein Selbstboykottprogramm.
Bei unter 30 % Energie setzt ein Selbstzerstörungsprogramm ein.

Wenn du merkst, dass deine Energie unter 50 % schwingt, so wird es Zeit, dich auf dich selbst zu besinnen und zu schauen, was du brauchst, um dich aufzuladen und die Energie anzuheben. Wir sind selbst für unsere Frequenzen und die Schwingungen, die wir in uns durch Gedanken, Worte, Gefühle und Haltungen erzeugen, verantwortlich. Wir können jederzeit unsere Energie anheben und die Frequenzen erhöhen und erschaffen damit ein anderes Resonanz- und Anziehungsfeld.

Hier einige Beispiele für Frequenzen, in denen wir schwingen können. Es gibt natürlich eine sehr große Bandbreite.

In den oberen Schwingungsbereichen von 50 bis 100% Energie: Glückseligkeit, Güte, Liebe, Dankbarkeit, Frieden, Freude, Leidenschaft, Begeisterung, Hoffnung, Zuversicht, Mitgefühl

In den unteren Schwingungsbereichen von 0 bis 49% Energie: Langeweile, Sorge, Grübelei, negative Gedanken, Manipulation, Lügen, Ärger, Wut, Groll, Schuld, Depression, Angst, Scham, Hass

ÜBUNG:

Wie hebe ich meine Frequenzen an?

Wie und wodurch bist du in deinen Frequenzbereich gelangt? Und wie hebst du deine Frequenz nun an? Notiere dir, was dir jetzt guttut, und folge deinen Impulsen. Die folgenden Fragen helfen dir, herauszufinden, was dir persönlich hilft, deine Frequenz zu erhöhen.

In welcher Frequenz schwinge ich gerade? Was bewegt mich im Augenblick? Reflektiere die Situation: Wenn ich Schöpfer meiner Lebensumstände bin, womit habe ich mir diese Umstände erschaffen? Wo habe ich mich übergangen? Nicht auf mich geachtet? Nicht auf meine innere Stimme gehört? Was ist die Lösung? Was ist meine neue Ausrichtung in Gedanken, Worten und Handlungen? Was tut mir jetzt gut, damit ich mich wieder aufladen kann? Lausche in deine Seele. Ist es Natur, Schlaf, Sport, Yoga, Meditation, sich mit Freunden treffen, Zeit mit der Familie?

Du kannst dir in deinem Leben einen Rhythmus erschaffen, indem du immer wieder Zeit für dich selbst, für das, was dir guttut, einplanst. Nimm dir Zeit für Verabredungen mit dir selbst! Wenn du es nicht gleich umsetzen kannst, so versprich dir selbst, Zeit bei der nächstmöglichen Gelegenheit für dich und dein Wohlbefinden vorzusehen und für dich zu sorgen.

Sorge in erster Linie für dich selbst.
Dann kümmere dich um andere.
Wenn du dann noch Energie übrig hast, rette die Welt!

Neuausrichtung und Lichtaufladung

LE-MU-RI-AN

Die folgenden Übungen zur Neuausrichtung und Lichtaufladung unterstützen dabei, sich mit den Lichtwelten zu verbinden, sich empfänglich zu machen für höhere Frequenzen und Schwingungen, sich mit Licht aufzuladen und Neues zu beginnen.

Stelle dir zunächst vor, du öffnest dich in dein Hohes Selbst und in die Ebenen des reinen Lichts. Atme in vier Phasen, langsam und bewusst: Einatmen – halten – ausatmen – halten. Atme von deinem Hohen Selbst zum Scheitelzentrum ein. Halte den Atem, und bündle das Licht, sodass es immer heller und strahlender wird. Atme zum Bauchnabel hin aus. Dehne im Halten das Licht in dir und um dich herum aus. Finde deinen eigenen Atemrhythmus. Welcher Atemrhythmus tut dir gut? Hier ein paar Beispiele:

2 – 0 – 4 – 0 Basisatmung/Tiefenatmung (Atme doppelt so lang aus wie ein.)
4 – 4 – 4 – 4 Beruhigung
2 – 2 – 2 – 2 Entspannung
7 – 7 – 7 – 7 Lichtausdehnung
10 – 10 – 10 – 10 Erleuchtung

Diese Atemrhythmen können auch wunderbar im Gehen ausgeführt werden, z. B.: 4 Schritte einatmen – 4 Schritte Atem halten – 4 Schritte ausatmen – 4 Schritte Atem halten. Du fühlst dich danach aufgeladen, erfrischt und gereinigt.

ÜBUNG:

Energieaufladung über die Atmung

Diese Übung kann auf alle Atemrhythmen angewandt werden. Setze dich aufrecht hin. Fühle, wie deine Beine den Boden berühren. Fühle in deine Haltung hinein – kann die Energie gut fließen?

Halte deine Finger gespreizt vor deinem Solarplexus so, als ob du einen unsichtbaren Ball halten würdest. Deine Finger sollten sich dabei nicht berühren. Blicke während des gesamten Atemzyklus auf den Punkt genau zwischen deinen Händen. Sieh den Mittelpunkt des imaginären Balls. Konzentriere dich in deiner Vorstellung darauf. Fühle die Energie zwischen deinen Händen. Solange du den Atem anhältst, konzentrierst du dich auf das Gefühl. Egal, was du dabei fühlst, es ist in Ordnung.

Beim Einatmen gehen deine Hände auseinander, du nimmst Lichtenergie auf. Beim Ausatmen presst du den Ball zusammen, indem du deine Hände aufeinander zubewegst, ohne dass sich deine Finger berühren. Du merkst, wie sich die Energie zwischen deinen Händen immer stärker verdichtet. Manchmal macht sich das durch ein Kribbeln auf den Handflächen bemerkbar. Jetzt sammelst du zum ersten Mal reine Lebens- und Lichtenergie. Dieser Vorgang ist heilig.

Wenn der imaginäre Ball von Licht erfüllt ist, so atme ihn mit einem tiefen Atemzug über den Bauchnabel ein. Stelle dir vor, wie die Energie von deinem Körper aufgenommen wird, und verteile sie beim Ausatmen. Du kannst dabei deine Hände im Uhrzeigersinn um deinen Bauchnabel kreisen lassen.

Diese Energieaufladung und Energetisierung ist ein persönlicher Vorgang. Wenn du diesen Zyklus täglich wiederholst, wirst du feststellen, dass du mehr Energie für deine alltäglichen Aufgaben zur Verfügung hast.

Schreibe deine persönliche Energieaufladung nieder. Was gibt dir Energie? Wobei lädst du auf? Verbringe täglich mindestens 5–10 Minuten damit, dich selbst auf deine Weise auszurichten und aufzuladen.

ÜBUNG:

Lichtdusche und -reinigung

Ich reinige meine Seele.
Ich reinige meinen Geist.
Ich reinige meinen Körper.
ICH BIN das Licht.
Das Licht ist in mir und um mich herum.
Das Licht führt und leitet mich.
ICH BIN das Licht.

In unserer höchsten Form sind wir schon alles. Das Einzige, was es braucht, ist, dass wir alles reinigen, was zwischen unserem höchsten Wesen und dem jetzigen Zeitpunkt steht, sodass das Licht aus unserem höchsten Wesen uns führen kann. Reinigung und Lichtduschen sind unerlässlich. So, wie wir uns jeden Tag waschen und umziehen, so sollten wir dies auch geistig tun, damit die Energie strömen und fließen kann.

Verbinde dich mit dem reinen, puren Licht von Lemurian. Stelle dir dazu schöne Musik an. Nimm dir Zeit. Stelle dir vor, du stehst unter einem wunderschönen strömenden Wasserfall aus Licht. Diese kräftige Lichtdusche durchdringt dein ganzes Sein. Das Licht strömt durch dich, in dich hinein. Es reinigt dein Energiekleid und erhöht deine Frequenzen. Es lädt deine Aura auf und stärkt sie in einem wunderschönen goldenen, reinen Licht. Bleibe so lange in dieser Vorstellung, bis du dich leicht, gereinigt und geläutert fühlst.

Du kannst dies mit einer tatsächlichen Dusche verbinden, ein Salzbad nehmen oder räuchern, wenn du das Gefühl hast, energetisch verschmutzt zu sein.

Hinweis: Ab Seite 109 findest du weitere kleine Rituale für deinen Alltag, mit denen du deine Frequenz erhöhen und Energie aufladen kannst.

Umsetzung und Aktion

Wir sind reines Bewusstsein, inkarniert in einem menschlichen Körper. Es geht in unserer jetzigen Lebenserfahrung darum, das Höhere hier in unserem Erleben zu verankern, es zu erden. Wenn wir nun auch unsere Mutter Erde in ihrem Heilprozess unterstützen und eine Veränderung unseres Handelns und seiner Konsequenzen einleiten wollen, benötigen wir neben der Energieanhebung unser selbst auch unsere Aktion, unser Handeln. Wenn es nun darum geht, Neues zu erschaffen und das Paradies wie in Lemuria hierherzubringen, und wenn wir bereit sind, große Stufen zu gehen, ist es wichtig, zu beachten, dass wir Probleme nicht auf der gleichen Ebenen ihrer Ursache lösen können.

»Solange wir auf der gleichen Ebene verbleiben, werden wir wieder und wieder dieselben Erfahrungen machen. Es ist an der Zeit, bewusst einen Schritt hinauszugehen und uns über diesen Erfahrungskreislauf zu erheben.«

(Miriam Scheffler)

Achte von nun an darauf, dass du auch bei deinen Handlungen deine hohe Frequenz hältst und sie mit entsprechendem Bewusstsein angehst. Denn diesmal, auf dem Weg in unser Paradies, braucht es das konstruktive, liebevolle und lösungsorientierte Herangehen und das Miteinander. Achte in deinem ganzen Vorgehen und jedem Voranschreiten bei allem, was du in die Umsetzung bringst, immer auf dein Motiv, auf deine Handlung und Einstellung, und hilf allen, mit denen du diesen Weg gehst, damit ihr euch regelmäßig daran erinnern könnt.

IMPULS:

Gehe in deine Kraft

Wie du der Erde und allem im Aufstiegsprozess dienen kannst? Indem du wieder voll in deine Kraft eintrittst. Achte und verändere deine Gedankenmuster, um Lösungen statt Probleme wahrzunehmen, verabschiede deine Gewohnheiten, wenn sie dich kleinhalten und ablenken, suche umweltfreundliche Alternativen, wenn sie sich dir bieten, triff neue Entscheidungen, komme in deine Balance, in den Fluss und in deine Stärke, und stehe für das ein, was dir wichtig ist.

Du fragst, wo du anfangen kannst, und bist der Meinung, dass du allein nichts ändern kannst?

Unterschätze dich niemals. Unterschätze niemals die Kraft, die entsteht, wenn du dich für die Veränderung entscheidest, wenn du etwas findest, was dir wichtig ist, und du deinen Fokus darauf ausrichtest, eine andere Wahl zu treffen, und zwar deine eigene. Unterschätze nicht, was passiert, wenn immer mehr Menschen andere Wege einschlagen und Verantwortung für alles in ihrem Leben übernehmen.

»Du bist es, der oder die die Fähigkeit in sich trägt, deine Realität zu erschaffen.«

(Miriam Scheffler)

Die einzigen Grenzen sind dein Verstand und ein System, das uns allen suggeriert, dass wir keine Macht hätten, etwas zu verändern. Das liegt daran, dass wir immer mehr davon abgegeben haben. Aber das darf dich nicht aufhalten. Nimm sie wieder zu dir zurück, deine Macht, und fülle sie mit deiner verantwortlichen Haltung!

GEBET:

Annahme der Führung, Loslassen und Öffnen für neue Möglichkeiten

Richte ein kurzes Gebet mit den für dich entscheidenden Fragen nach »oben«, und bitte um Zeichen, Eingebungen und Führung:

»Gott, ich übergebe meine Führung an dich.
Was möchtest du, was ich heute tue?
Welche Haltung kann ich heute einnehmen?
Was möchtest du, was ich sage und zu wem?
Wie kann ich meiner Balance und Gesundheit heute dienen?
Danke für den Weg, den du mir weist,
die Zeichen, die du mir gibst,
die Möglichkeiten, die du mir offenbarst.
Danke. Danke. Danke. Amen.«

ÜBUNG:
Dein eigenes Gebet

Hier kannst du dein eigenes kurzes Gebet für Annahme und Führung erschaffen. Beten bedeutet, in Licht gebettet zu sein, Teil des Lichts zu sein. Dein eigenes Gebet zu beten, bedeutet, deine Verbindung zu deiner Führung und zu Gott (Vater, Mutter und Kind in einem) zu stärken. Alles kann ein Gebet sein: Schweigen, ein Dank, eine Bitte, ein Lied. In Lemuria war man stets im Austausch mit der Geistigen Welt. Hier ein kleiner möglicher Leitfaden:

Anrede – an wen richtest du deine Energie?
Danke für …
Bitte für …
Raum für Zwiesprache …
Stille/Seelenhören …
Abschluss …

Du wirst merken, dass du fähig bist, vieles in deinem Leben über deine eigene Energie zu verändern, dass sich dadurch neue Türen öffnen, Menschen sich von dir angezogen fühlen, du erfolgreicher sein und auch deinen Gesundheitszustand verbessern kannst. Auch wirst du dir sicher bewusster über deinen Seelenplan und deine Aufgabe in dieser Inkarnation werden.

Aber selbst wenn du deinem Lebensplan folgst, wirst du Momente erleben, in denen Hürden in deinem Leben auftauchen. Dies können Probleme oder Situationen sein, für die du keine Lösungswege sehen kannst. Warum das so ist? Zum einen kann der Hintergrund eine »Seelenprüfung« für dich sein, um dich herauszufordern und zu prüfen, was dir wirklich wichtig ist und was du wirklich willst. Es ist aber auch möglich, dass diese besondere Situation einfach keine Aktion verlangt, sondern etwas anderes, ganz Wichtiges in all unseren Lebensprozessen: Loslassen und Annehmen.

Oftmals, wenn du spürst, dass Hindernisse auftauchen, möchte das Universum dir einen anderen Blickwinkel, einen anderen Weg zeigen oder dich in eine neue Richtung umleiten, die du bisher nicht wahrgenommen hast oder gehen wolltest. Wenn du spürst, dass du in einer dieser Phasen bist, gib den Ausgang, das, was an diesem Tag oder in einer bestimmten Situation geschehen soll, in die Hände des Schöpfers, des Universums, und lasse dich zum Wohle aller leiten. Reflektiere später, wie dieser Tag gelaufen ist, an dem du die Führung abgegeben hast, und wie die Lösungen für die Situation in dein Leben kamen.

FÜRBITTE UND GEBET

für Mutter Erde

Wenn dir in deinem Alltag etwas begegnet, bei dem du wahrnimmst, dass es nicht zum Besten unserer Natur ist, ob du es selbst verursacht hast oder deine Mitmenschen, kannst du das folgende kurze Gebet sprechen. Es hilft dir, dich nicht zu stark mit diesem Thema zu verhaften.

Kurzgebet für Mutter Erde

»ES TUT MIR LEID, Mutter Erde,
wenn ich dich verletzt habe,
wenn ich nicht achtsam mit dir umgegangen bin
und deine Liebe und Fürsorge
als selbstverständlich angesehen habe.
BITTE VERZEIHE MIR, Mutter Erde, alles,
was ich dir bewusst und unbewusst angetan habe.
Die Wahrheit ist, ICH LIEBE DICH, genau,
wie du mich liebst und für mich sorgst,
Tag für Tag, Atemzug um Atemzug,
und dafür möchte ich DANKE sagen.«

Notiere dir deine eigenen Fürbitten und Gebete für Mutter Erde, die Tiere, die Menschen, Orte und Plätze. Mache dir dabei bewusst, dass es Ebenen und Dimensionen gibt, in denen alles in Vollkommenheit existiert. Wir brauchen uns nur darauf auszurichten.

Wie du der Erde und dem Gesamten dienen kannst

Uns allen begegnen Themen im Alltag oder in den Nachrichten, bei denen das Gefühl aufkommt: »Ich will das so nicht mehr!« Du kennst das, und du würdest gern etwas verändern, aber die Flut an Problemen scheint dir so groß, dass du sofort jeden Gedanken dazu verwirfst?

Die gute Nachricht ist: Du musst dich nicht um alle Themen kümmern! Wir sind über sieben Milliarden Menschen auf diesem Planeten. Finde vielmehr heraus, was dir besonders wichtig ist und dir am Herzen liegt, was du fördern möchtest, was du so, wie du es aktuell vorfindest, nicht mehr ertragen kannst oder willst und zukünftig lichtvoller sehen möchtest. Sei es, wie mit Kindern oder alten Menschen in unserer Gesellschaft umgegangen wird, wie die Verschmutzung der Meere die ganze Tierwelt im Wasser bedroht, wie mit Tieren in der Massentierhaltung umgegangen wird, dass Bauprojekte an Orten durchgeführt werden, die hierfür nicht vorgesehen sind, wie die medizinische Versorgung oder die Bildung derzeit gehandhabt wird … Lasse dein Inneres entscheiden. Schaue, was dich am meisten triggert, anspricht, bewegt. Die Liste ist lang, du wirst dein Thema finden.

Wenn du dir noch nicht im Klaren darüber bist, was du unterstützen möchtest, begib dich in eine Meditation. In der Stille kannst du für dich herausfinden, was dir besonders wichtig ist und welche Schritte du für dich gehen kannst. Hast du dein Projekt gefunden, kannst du ebenso die Meditation nutzen, um zu konkretisieren, wie du auch andere inspirieren kannst, daran mitzuwirken, oder was ihr gemeinsam angehen und in die Änderung bringen könnt.

Gemeinsam verbunden. Dies ist der kraftvollste Weg, den ihr gehen könnt. So emotional ihr sicher mit eurem Thema verbunden seid, ist eines besonders wichtig, wenn ihr in die Umsetzung geht: Gleiches zieht Gleiches an. Geht nicht GEGEN etwas, sonst verstärkt ihr damit die Energie und gebt dem, was ihr nicht möchtet, noch mehr Raum und Präsenz.

- Fokussiere dich stattdessen auf die Lösungen und Wege, die möglich für dich und für andere sind.
- Bete für das beste Ergebnis zum Wohle aller.
- Bitte um Intentionen, Lösungsansätze, Impulse, Menschen, die in dein Leben kommen und das Thema mit dir in eine Wendung bringen können.
- Wenn du möchtest, nutze Social Media für eine weitreichende Vernetzung mit anderen Menschen, und erkundige dich, wer vielleicht schon zu gleichen Themen aktiv ist. Spüre für dich, wo es sich richtig anfühlt, deine Kraft und deine Ideen einzubringen. Du kannst dich mit anderen verabreden, ihr könnt euch unterstützen und gegenseitig stärken. Nichts tut so gut, wie zu erleben, dass wir nicht allein sind.

- Inspiriert euch gegenseitig, und formt ein Miteinander.
- Auch wenn eure Gruppe klein ist, potenziert ihr eure Kraft bereits durch die Bildung eurer Gruppe. Je lichter ihr im Umgang mit der Situation vorgeht und je höher ihr eure Frequenz haltet, desto größer wird euer Wirkungsgrad, euer Einfluss sein.

Um die Energie hoch zu halten, fragt euch immer wieder:
Was würde die Liebe tun?
Was würde die Harmonie tun?
Was würde das Mitgefühl tun?
Was würde die Erleuchtung tun?

Und ihr werdet Antworten finden.

Nimm dir einen Zettel und einen Stift, und beantworte die Fragen für dich in deiner speziellen Lebenssituation.

ÜBUNG:

In den Flow kommen

Wenn wir in den Flow kommen, so entsteht eine Welle der Glückseligkeit. Es ist ein Zustand der frei fließenden Energie, der Kreativität und Produktivität. Zeit spielt keine Rolle mehr. Alles läuft, ohne dass wir groß darüber nachdenken müssen. Kontakte entstehen, Informationen fließen, es läuft! Doch wie kommt man in diesen Flow? Durch Konzentration, Fokus und freudvolle Motivation aus dem Herzen!

Schreibe das Thema nieder, das dich bewegt. Mache dir bewusst, dass der Flow nach ca. 18 Minuten beginnt, richtig einzusetzen, und dass es wichtig ist, dass du bei deiner Tätigkeit weder unterbrochen noch abgelenkt wirst.

Schließe deine Augen. Atme ein paarmal tief ein und aus. Spüre, wie du mit jedem Atemzug Licht aufnimmst und das Licht in dir und um dich herum verstärkst. Lasse dich aus dem denkenden Verstand in den Raum deines Herzens hineinsinken. Komme ganz in diesem Zentrum an. Du nimmst die Wellen der Energie wahr, die in dir und um dich herum wirken. Nun stelle dir vor, wie du von einer Welle erfasst wirst und konzentriert und voller Freude auf dieser Welle surfst. Fühle den Wind, das Getragensein, die Freude und den Einklang mit dieser Energie. Je mehr du dich auf den Flow einschwingst, desto stärker setzt er ein. Bleibe so lange in dieser Meditation, wie du möchtest. Dann öffne langsam wieder deine Augen, und sei wieder ganz im Hier und Jetzt.

Finde deine Balance

Nicht nur wir Menschen befinden uns im Aufstiegsprozess, sondern auch der Planet Erde und alle Bereiche mit ihm. Energien aus dem Kosmos erreichen unsere Systeme und erheben sie. Das bedeutet auch, dass alte, niedrigfrequente Aspekte nicht weiter bestehen bleiben können.

Wenn du in deine Außenwelt blickst, wirst du erkennen können, wie viele Veränderungen bereits im vollen Gange sind. Im Inneren verhält es sich genauso. Es ist so deutlich zu sehen und zu erleben, wie viele alte Themen aktuell gehen wollen. Menschen, die durch diese Prozesse bewusst hindurchgegangen sind, beschreiben, dass es sich anfühlt wie ein Häuten, ein Abstreifen von Vorstellungen, Gedanken, Vorgehensweisen, Jobs, Beziehungen, die nun einfach gelöst werden wollen, sodass wir weitere Schritte und neue Wege gehen können.

Beobachte diese Prozesse und ihre Intensität in dir, und du wirst feststellen, dass es richtige Schübe gibt. Es ist wie ein Pulsieren, auf das eine Pause folgt, und dann geht es auf die nächste Stufe. Weiterhin wirst du vielleicht wahrnehmen, dass häufig, sobald ein Thema transformiert ist, direkt das nächste an die Oberfläche gespült wird. Die zeitliche Abfolge wird immer schneller.

Menschen, die überhaupt keine Vorstellung von dem haben, was sich gerade transformiert und entsteht, würden es als reines Chaos beschreiben. Aber was ist, wenn Chaos benötigt wird, um wieder neue Strukturen aufzubauen? Vielleicht ist dies die Grundvoraussetzung, die einem Rhythmus folgt. Wenn wir uns die beiden gegensätzlichen Pole anschauen, dann erkennen wir, dass das Chaos dem Begriff »Kosmos«, dem griechischen Wort für die (Welt-)Ordnung oder das Universum, entgegensteht. Chaos beinhaltet damit eine Chance, und diese bedeutet, dass Neues entstehen kann, dass wir wieder Neues aufbauen und uns neu ausrichten können.

Wie geht es dir mit dem Thema »Veränderung«? Fällt es dir leicht, in deiner Balance zu bleiben? Lässt du dich schnell von Geschehnissen im Außen aus der Ruhe bringen, dich anstecken? Tauchst du tief in sie ein und leidest mit? Oder nimmst du Eindrücke deines Umfelds wahr, bewahrst aber eine höhere Perspektive und lässt sie nach geraumer Zeit wieder ziehen? Reflektierst du, worin der Segen in der Situation liegt, und versuchst, das Licht darin zu erkennen? Vielleicht bringen dich Veränderungen auch nicht aus der Ruhe, denn du kannst mit Vorfreude einen aufkommenden Frieden in dir wahrnehmen, weil du bestimmt weißt, dass ein Ende auch immer ein Neubeginn ist. Und das ist es: der Anfang von etwas viel Größerem, etwas Besonderem.

Manchmal wird es uns leichter fallen, mit der Veränderung umzugehen, manchmal weniger. Das Thema ist immerhin eng mit unserem Sicherheitsempfinden und unserem Überlebenswillen verbunden, was bedeutet, dass es uns nicht immer gleichermaßen gelingt, in unserer Mitte zu bleiben.

Bereite dich vor, indem du herausfindest, was dich stärkt, was dich in die Balance bringt und was dir Energie schenkt. Meist finden wir die einfachsten, effektivsten und wirksamsten Erinnerungen an unsere Mitte, wenn wir uns von der Natur inspirieren lassen.

Ein paar Möglichkeiten, in der Natur wieder zu uns zu kommen:

- Beobachte die Pflanzen und alle hier lebenden Tiere.
- Nimm die Leichtigkeit der Vögel auf, indem du dich zum Beispiel auf eine Bank setzt und ihnen beim Singen zuhörst.
- Nimm den Wind und deinen Atem wahr.
- Spaziere durch die Natur, um etwas wieder in Bewegung, in den Fluss zu bringen, wenn es ins Stocken geraten ist.
- Sieh die Stärke des Löwenzahns oder anderer Pflanzen, die sich, ungeachtet betonierter Straßen und Pflastersteine, ihren Weg ins Licht bahnen.
- Lerne aus der Teamarbeit und Struktur einer Ameisenkolonie, und erkenne, wie schnell sie auf jegliche Veränderung oder Störung ihrer Prozesse und Wege reagiert.
- Nimm die Sonnenblumen wahr, wie sie sich immer dem Licht zuwenden.
- Suche die Nähe zu Bäumen.
- Atme die Waldluft tief ein.
- Beobachte den Himmel und die vorbeiziehenden Wolken.
- Fühle die sanften Sonnenstrahlen in deinem Gesicht.

Vielleicht fällt dir die Symbiose in vielen Bereichen der Pflanzenwelt auf. Nimm die Energien der unterschiedlichen Aspekte der Natur wahr, und lasse dich inspirieren – es ist so leicht!

Was schenkt dir in der Natur Ruhe und Kraft? Notiere deine persönlichen Erfahrungen.

Finde deine Kraftorte

All das, was dich in diesem Moment der Unruhe unterstützen wird, hat eines gemeinsam: Es bringt dich ins Jetzt. Es hält das Gedankenkarussell über das, was kommen wird, und das, was war, an. Und genau das geschieht beim Beobachten der Natur. Es ist der entscheidende Schlüssel, um dich wieder in deine Mitte zu bringen. Wenn du magst, finde Weiteres heraus, was dir guttut. Spüre dabei einmal in die unterschiedlichen Frequenzen der Natur hinein, und entdecke, welche Aspekte du darin wiederfindest, die dich am besten in deine Balance bringen, denn hierbei haben wir alle individuelle Bedürfnisse.

Erkunde also deine persönlichen Kraftorte. Diese können für dich alles und überall sein. Kraftorte können Plätze sein, denen von vielen Menschen besondere Energien, Kräfte oder manchmal auch Anomalien in ihrer Wirkung zugesprochen werden. Es können Steinkreise sein, Berge, Quellen, Wasserfälle, Waldlichtungen oder ungewöhnliche Felsformationen. Manchmal kannst du sie auch an den Bäumen erkennen, die in einer Art an diesen Stellen wachsen, die auf einen speziellen Energiefluss hinweist.

Aber dein persönlicher Kraftort kann für dich ebenso eine Bank in deinem Garten sein, ein Baum in deiner Nähe, vielleicht ein Waldabschnitt, eine Wiese, eine Lichtung, ein Park, ein Fluss oder ein kleiner Bach. Finde für dich heraus, wie unterschiedliche Kraftorte sich auf deine Energie auswirken, sodass du sie gezielt aufsuchen kannst, wenn du dich nicht mehr spüren kannst.

Schaue, wie du dich fühlst:

› In der Nähe von Hügeln oder Bergen. Geben sie dir Stabilität, oder bevorzugst du die Weite von flachem Land und Ebenen?
› Am Fuße eines Berges oder Bergmassivs. Fühlst du dich geschützt, oder wirst du zwischen großen Gebirgsketten schnell mit den Schattenseiten und der Dunkelheit in Kontakt gebracht?
› Auf einer Bergspitze. Gibt dir der Ausblick eine neue Perspektive und Freiheit? Oder fühlst du dich eher unsicher, weil du dem Wind und dem Wetter ausgesetzt bist?
› Am Wasser. Nimm die Unterschiede wahr zwischen einem stillen und ruhenden See, einem zarten Bach, einem tosenden Meer. Achte auf deine Energie und darauf, wie sie sich verändert.

Je mehr du in dich hineinfühlst, darauf achtest, wie dein Körper, deine Atmung, deine Muskeln, deine Zellen oder auch deine Gedanken auf die Verbindung mit deinem natürlichen Umfeld reagieren, desto klarer wirst du feststellen, wie facettenreich die Energien von Bergen oder Gewässern sind. Eher stabilisierend und schützend wahrnehmbar sind Berge, während das Wasser uns die Erinnerung daran schenkt, dass alles im Fluss ist und wir loslassen können. Jede Verbindung dazu ist jedoch höchst individuell, also finde deine wichtigsten Heilmittel heraus.

Wie sieht dein persönlicher Kraftort aus?

Finde deinen Rhythmus

Auch die Bäume und die Pflanzenwelt beschenken uns jederzeit mit Stärke und Wohlbefinden. Hast du schon einmal in Ruhe einen Baum berührt, bist mit ihm in den Dialog gegangen, hast einmal in dich hineingespürt, wo er steht, wofür er Verantwortung trägt und welche Perspektive er hat?

Würdest du ihn fragen, was er dir aus seiner Erfahrung mitgeben könnte, wäre seine Antwort sicher Folgende:

- Stehe in deiner Größe.
- Erinnere dich an deinen Platz unter allen anderen Menschen.
- Gehe mit den Rhythmen und Jahreszeiten:
  Nutze die Energie des FRÜHJAHRS,
  genieße das Wachstum und die Zufriedenheit im SOMMER,
  vertraue auf deine Weisheit, und lasse los im HERBST,
  ruhe in der Erneuerungsphase des WINTERS.
- Genieße die einfachen Dinge: die Erde, die frische Luft und das Licht.
- Trinke viel Wasser.
- Sei gut verwurzelt.
- Genieße den Ausblick.

So einfach ist es. Und so magisch zugleich. Vielleicht spürst du, dass diese Botschaft dich erdet, und es fühlt sich an, als ob in

ihr die Weisheit des Baumes komplett enthalten ist und jede deiner Zellen erinnert.

> »In der Natur fließt alles und hat einen Rhythmus.«
>
> *(Miriam Scheffler)*

Beim Lesen der weisen Worte des Baumes ist dir möglicherweise die Frage in den Sinn gekommen, wie stark wir uns noch an natürlichen Rhythmen orientieren.

Wir stehen auf, wenn der Wecker klingelt, essen in der festgelegten Mittagspause, importieren im Winter all die Früchte aus weit entfernten Ländern, anstatt das zu essen, was die Natur uns in unserem Umfeld schenkt. Wir kommunizieren mit Technik anstatt mit anderen Menschen. Wir sind auf bestimmte Weise erzogen und leben daher nicht die Einzigartigkeit, die jeder von uns in sich trägt. Dabei hat niemand genau dieselben Talente und Fähigkeiten, dieselben Erfahrungen, dieselben Lebensziele oder denselben Lebensplan, und damit hat jeder individuelle Wachstumszyklen, aber auch Ruhephasen. Und was für den einen gerade immens wichtig ist, kann das Gegenteil für den anderen sein.

Was unsere Gesundheit betrifft, verlassen wir uns viel zu wenig auf die Zeichen unseres Körpers, auf unser Körpergefühl und unsere Körperintelligenz, und seine Rhythmen. Nein, wir spüren diese kaum noch oder sogar gar nicht mehr, sondern verlassen uns auf Diagnosen anderer und sehen sie in kritischen Fällen als Entscheidung anderer über Leben und Tod. Und das alles, anstatt unserer Intuition zu vertrauen und in unseren Körper hineinzufühlen, was ihm guttut und was er braucht.

Ähnlich wie im Dialog mit dem Baum, beginne einmal in den Dialog mit deinem Körper, mit deinen Organen und deinen Zellen zu gehen. Wenn du hinhörst und hineinfühlst – und das nicht erst, wenn der Schmerz deinen Fokus voll vereinnahmt –, wirst du spüren, wie viel Wasser er braucht, welche Lebensmittel und welche Qualität er bevorzugt. Er signalisiert dir ebenso, wann er sich Ruhe wünscht, wie viel Bewegung ihm guttut, womit du ihn pflegen solltest, mit welchen Putz- und Waschmitteln er in Berührung kommen möchte und wie du ihn regelmäßig stärken und in seiner Funktion unterstützen kannst.

Wo findet in deinem Körper Rhythmus statt? Was sind deine Rhythmen? Was sind deine Zyklen? Was hilft dir, rhythmisch und zyklisch im Einklang mit der Natur zu sein?

IMPULS:

In der Ruhe liegt die Kraft

Nehmen wir noch einmal unsere vier Jahreszeiten. Diese können wir gleichsetzen mit

› einer Zeit des Säens, des Neuanfangs, der ersten Schritte und zeitgleich eines kraftvollen Neubeginns,
› einer Zeit der vollen Blüte, des Lichts, der Helligkeit, des Nach-draußen-Gehens, der Aktivität,
› einer Zeit der Ernte, in der wir vollenden und mit Dankbarkeit abschließen können,
› einer Zeit der Ruhe, des In-sich-Ankommens, des Loslassens und des Vorbereitens, denn ein Ende ist auch immer wieder ein Neuanfang. Und dann können wir alles auf eine nächste Stufe bringen.

Wann ist dein Zeitpunkt der Ruhe? Wie viel Ruhe und Auszeit gönnst du dir?

Werde dir bewusst, dass aus einem winzigen Samen ein riesiger und stabiler Baum wächst. Offenbar hat die Natur Zeit zum Warten, für seine Entfaltung, für seine fortschreitende Entwicklung, für Wachstum, für das Ausbreiten, für das Regenerieren in der Winterzeit und, um in der eigenen Fülle zu gedeihen. Eine Anstrengung ist dem Baum dabei nicht anzusehen. Und während uns diese Rhythmen in der Natur so klar sind, stellen sich unser Verstand sowie unsere Glaubenssätze vorn an, und dies bringt uns in eine Daueraktivität.

Was glaubst du, wie viel mehr Lebensqualität für dich möglich wäre, wenn du dich auf neue Aktivitäten besser vorbereiten könntest? Wenn du dich zuerst erden oder in die Ruhe gehen würdest, um in dich hineinzuspüren, welche Aktivität die richtige für dich ist? Oder ob eine Aktivität überhaupt notwendig ist?

Wenn du dich für ein Handeln entscheidest, frage dich immer zuerst, welches dich an dein Ziel führt und was dein wirkliches Ziel überhaupt ist. Dies ist davon abhängig, was dein Lebensweg, dein Herzensprojekt, dein Zweck deines ganzen Seins ist.

Fragen an dich für deine Auszeit, deine Ruhe, deinen Ausgleich:

- Wann kannst du mit dir geduldiger sein?
- Wann gibst du dir die Chance, dich auszuruhen und dich danach wieder neu auszurichten?
- Wann reichst du dir einfach einmal aus, so, wie du bist?
- Wie kannst du deinen natürlichen Rhythmen im Tagesablauf, im Monatszyklus, im Jahresverlauf mehr Raum geben?

Finde deinen Weg

Wir sind alle einzigartig und haben einen individuellen Lebensplan. Das Größte, was du sowohl deinem eigenen Heilprozess als auch dem Gesamten schenken kannst, ist, diesem zu folgen, du selbst zu sein, deine Talente zu leben, deine Wahrheit zu kommunizieren und uns alle dadurch auch wieder reflektieren zu lassen, wer wir sind.

Nimm deinen Raum ein, wie jede einzelne Pflanze in der Natur, spüre deinen Platz im Ganzen, finde deine Stärken, deine Stabilität, deinen Geruch, deine Schönheit, und passe dich den Gegebenheiten an, verbinde dich mit anderen Wesen, stärkt und dient euch gegenseitig, und wachst gemeinsam.

Der Weg unseres Aufstiegsprozesses wird nicht morgen beendet sein, also überstürze nichts, und genieße es, deinen Teil, deinen Aspekt wie in einem großen Orchester auszufüllen. Spiele dein Instrument, lasse deine Töne erklingen. Spiele laut und leise, und achte auf deinen Einsatz und deine Pausen.

MEDITATION:

Wähle deine Melodie oder deinen Platz

Setze dich an einem ruhigen Ort entspannt hin. Atme ein paar Atemzüge tief ein und aus, und wenn du merkst, dass Ruhe in deinen Körper einkehrt, lege deine linke Hand auf dein Herz oder auf deinen Solarplexus, auf den Bereich, an dem du spürst, dass hier deine Intuition, deine Anbindung ist. Atme weiter ruhig ein und aus.

Nun fühle in dich hinein, während du in die Vorstellung gehst, dass du weit über deinen Körper hinaus grenzenloses Bewusstsein bist. Fühle ein Feld, das weit ist. Ein Feld, in dem alles vorhanden ist. Alles Wissen. Die gesamte Basis. Alles, was wir sind, und alles, was wir sein können.

Wie fühlt sich das für dich an? Nimm diese Weite wahr. Wisse, dass hier alles Wissen vorhanden ist. Fühle, dass hier alle Liebe in Fülle das Feld erfüllt. Sieh, dass alles Licht das Feld nährt. Nimm wahr, dass alles im Überfluss vorhanden ist, dass es vollständig ist und rein. Spüre den Frieden und die Freiheit, und fühle, dass wir alle angebunden sind an dieses Feld der göttlichen Perfektion und Reinheit.

Das ist das Paradies. Von hier kommt alle Kraft. Von hier kommt alle Energie, die immer und fortwährend durch alles Lebendige fließt. Lasse dich durchströmen von dieser Kraft. Lasse sie fließen, durch und um deinen Körper.

Wenn du nun wissen möchtest, was für dich wichtig ist, was von dir umgesetzt werden möchte, womit du die Welt bereichern möchtest, dann stelle nun diese Frage, und schaue, was du wahrnehmen wirst.

...

Wenn du alles für dich aufgenommen hast, kommst du wieder zu deinem Atem und zu dir zurück.

Am besten notierst du dir, was wichtig für dich ist. So hast du immer eine Orientierung für Entscheidungen, denn gelegentlich fallen sie uns nicht so leicht. Das liegt aber nur daran, dass wir dann nicht geerdet und bei uns sind. Sind wir das und kennen wir unsere Aufgabe, unseren Lebenszweck, unsere Herzenswünsche und -ziele, ist es ganz leicht.

Die entscheidende Frage bei allen Entscheidungen lautet:

› »Dient es meinem Lebenszweck, meinem Sinn, fördert es meine Talente, bereichert es mich, bringt es mir Freude, erhöht es meine Frequenz?« Dann ist die Antwort eindeutig ein JA!
› Machst du etwas nur, weil andere es tun, es als normal angesehen wird, du jemandem einen Gefallen tust, du es aber nicht machen möchtest, dann ist es Zeitverschwendung, weil es weder deinen Zielsetzungen noch deiner Freude dient! Dann sollte deine Antwort ein klares NEIN sein.

Ätherische Öle – Unterstützung aus der Natur

Das Wissen um die Heilkraft der Natur ist seit ANbeginn vorhanden und hat immer wieder große Bedeutung genossen. So finden sich zum Beispiel in der Bibel Zeugnisse über das Heilen und Salben mit ätherischen Ölen – und auch in verschiedenen Hochkulturen, bei den Ägyptern, den Griechen und den Römern.

Als reine Essenzen wurde die Natur schon sehr früh für körperliches, mentales, emotionales und spirituelles Wohlbefinden eingesetzt und hat heute dieselbe und wichtige Berechtigung wie damals.

Zu Zeiten Lemurias hatten die Öle insbesondere wegen der hohen Frequenzen, die diese aufweisen, eine große Bedeutung. Zeitgleich wurden ebenso Edelsteine eingesetzt, um Felder zu informieren, Energiefelder zu errichten oder zu stabilisieren. Die Öle dienten in Lemuria zur Anhebung, aber auch zum Ausgleich. Da Krankheiten nicht in gleichem Maße wie heute vorhanden waren, wurden sie vorrangig als reine und qualitativ hochwertige Öle mit ihrer Feinheit auf der energetischen Ebene, aber auch zur Gesunderhaltung eingesetzt.

Heute können wir diese hochfrequente Wirkung wunderbar für unsere Emotionen einsetzen. Die Öle können beruhigen, erden und dichte Emotionen lösen, sie können unterstützen, loszulassen, oder helfen, Trauer zu bewältigen. Eine Vielzahl der Öle wirkt durch ihre Lichtenergie stimmungsaufhellend und erhebend, wie die Zitrusöle. Im Bereich der Kräuteröle zeigt sich eine reinigende Wirkung, Gewürzöle wärmen, und viele Baumöle unterstützen uns dabei, uns zu verwurzeln, und schenken Stabilität.

Auch auf mentaler Ebene können ätherische Öle gut eingesetzt werden und helfen, uns zu fokussieren, sodass wir uns auf die wichtigen Themen konzentrieren und uns nicht ablenken lassen. Die Öle helfen aber auch bei der Reinigung von festgefahrenen und destruktiven Gedankenmustern.

Spirituell sind ätherische Öle wunderbar einzusetzen, um in Verbindung mit Gott zu treten und auch mit Mutter Erde. Die Öle stärken die Vorstellungskraft und unterstützen beim Kreieren von Visionen.

Auf körperlicher Ebene angewendet, sind reine ätherische Öle in so vielen Bereichen ein Segen. Viele wirken antiviral, antibakteriell und antimykotisch, besitzen regenerierende Eigenschaften und wirken auf Zellebene. Sie sind über ein Auftragen auf entsprechenden Hautstellen schnell im Blutkreislauf verfügbar oder beim Einatmen der aromatischen Bestandteile schnell in unserem Gehirn, im emotionalen Zentrum, und dienlich für unser Nervensystem.

Längst wird in vielen Studien und Analysen die enorme Wirkungskraft der ätherischen Öle von Wissenschaftlern und Fachkräften in Medizin und Therapie erforscht und bestätigt.

Zurück zur Natur zu kommen, heißt im Bereich der Wirkung auf unsere Körper, dass wir nicht mehr nur Symptome behandeln und diese unterdrücken, minimieren oder beseitigen. Wir gehen wieder an die Wurzel und die Ursache. Nur so kann es zu Heilung kommen.

Welche ätherischen Öle passen zu dir?

Da wir unseren feststofflichen und unsere feinstofflichen Körper ohnehin bereits vielen Chemikalien und Synthetischem aussetzen, achte bei der Wahl der ätherischen Öle auf höchste Qualität. Bitte erkundige dich vor der Nutzung unbedingt über ihre Qualität, Reinheit und den therapeutischen Grad. Dies ist sehr bedeutend, damit sie effektiv und bestmöglich auf allen Ebenen und sicher wirken. Es gibt viele Produkte, die als »natürliches ätherisches Öl« bezeichnet werden. Viele von diesen enthalten jedoch synthetische Duftaromen und Füllstoffe, manche sogar schädliche Chemikalien. Wichtig ist, dass die natürlichen Verbindungen von jeder Pflanze, die an ihrem natürlichen Standort den besten Wachstumsbedingungen ausgesetzt war, im Laufe des Verarbeitungsprozess nicht verändert wurde und dass das Öl frei von Verunreinigungen, Füllstoffen und Giftstoffen sowie messbar von höchster Potenz ist.

Anwenden kannst du reine ätherische Öle durch Auftragen auf die Haut, Einatmen oder, wenn das jeweilige Öl dafür zugelassen ist, durch Einnahme. Bitte achte hier unbedingt auf die Angaben und Sicherheitshinweise des Herstellers.

Dann wähle dir deiner Intuition folgend, nach Geruch oder dem Wirkspektrum ein oder mehrere Öle aus, je nachdem, was du unterstützen möchtest. Hier sind ein paar erste Ideen für dich:

Spirituell:

Weihrauch – zur Intensivierung der göttlichen Anbindung
Myrrhe – zur Aufnahme der Verbindung mit Mutter Erde
Clary Sage – zur Unterstützung von Visionen

Emotional:

Lavendel – zur Beruhigung und besseren Kommunikation
Orange – zum Anheben der eigenen Stimmung und um Fülle ins Leben zu bringen
Teebaum – zur Abgrenzung, zum Lösen von Energien
Bergamotte – zur Selbstannahme und Förderung der Selbstliebe

Mental:

Pfefferminze – zum besseren Fokussieren
Lemon – zur Reinigung von Gedankenmustern

Körperlich:

Pfefferminze – zur Entspannung, wenn du verspannt bist und zu viel Last trägst
Lavendel – zum Zur-Ruhe-Kommen
Teebaum/Oregano – zur Stärkung des Immunsystems durch eine starke antivirale, antibakterielle Wirkung
Weihrauch/Copaiba – zur Unterstützung und Regeneration deines Nervensystems und zur Unterstützung auf Zellebene

ÜBUNG:

Medizin aus der Natur

Nimm dir Zeit. Wenn es dir möglich ist, so gehe in die Natur. Verbinde dich über den Herzschlag mit der Natur. Spüre deinen Herzschlag und den Herzschlag in den Bäumen und Pflanzen. Atme mit der Natur, und komme immer mehr in deinem Zentrum an.

Nun bitte auf deine Weise die Pflanzenwelt, sich für dich zu öffnen. Vielleicht zeigt sich dir ein Pflanzenwesen, eine Deva, ein Licht. Spüre, wie du von Licht umgeben und durchdrungen und verbunden mit der Natur in ihrer wunderschönen Lichtform bist.

Bitte nun um die Medizin, die deine Seele und dein Körper jetzt brauchen. Es kann sein, dass dir sofort ein Duft in den Sinn kommt, du plötzlich weißt, was du jetzt brauchst, dich eine Farbe einhüllt oder sich dir ein Pflanzenwesen zeigt. Es können sich Blüten, Samen oder Wurzeln zeigen. Nimm die Botschaft tief in dich auf. Fühle sie in deinem Körper. Höre auf die Weisheit deiner Seele …

Dies ist das Öl, das deiner Seele guttut. Da deine Seele mit allem verbunden ist, weiß sie, was sie braucht, um im Gleichgewicht zu sein. Wenn du alles erfahren hast, was du wissen wolltest, komme langsam zurück in das Hier und Jetzt, und schreibe deine Erlebnisse auf.

Für weitere Wirkweisen und andere Einsatzgebiete gibt es eine Vielfalt an Ölen und Mischungen. Schaue einfach, was für dich gerade am wichtigsten ist, was die größte Priorität hat und vor allem, was dir und deinem Körper gerade besonders guttut. Achte auf deine körperliche Reaktion, wenn du verschiedene Düfte erkundest, und auf deine Intuition. Sie zeigen dir, welche deine Essenzen der ersten Wahl sein sollten. Es darf leicht sein.

Je mehr Erfahrungen du mit der Nutzung von ätherischen Ölen sammelst, desto mehr wirst du bemerken, welch großen Dienst sie dir und deiner Entwicklung leisten. Sicher wirst du auch ein Gespür dafür entwickeln, dass sie dir …

› den Weitblick einer Bergspitze schenken,
› die Umarmung eines Freundes,
› die Hand halten wie ein naher Begleiter.

Diese Empfindungen variieren mit der Art des verwendeten Öls und mit den pflanzlichen Bestandteilen, aus denen die von dir genutzten Öle stammen. Aus Kräutern, aus den Blüten, den Wurzeln, den Blättern, der Rinde oder den Samen: Sie alle unterscheiden sich dank breitem Wirkungsspektrum in ihrer Art der Unterstützung und ihrer individuellen Frequenz. Das heißt, jedes für sich hat ein immens weites Wirkspektrum, und sie alle, selbst wenn gleiche Wirkungen das Ergebnis sind, stoßen unterschiedliche Prozesse an. Betrachte sie als ein Geschenk der Natur, das dich daran erinnert, wer wir wirklich sind. Wir kommen zurück und kehren heim.

Dank an die Pflanzenwelt

Lasse uns unseren und deinen Dank jetzt und in diesem Moment an die Natur und die Pflanzenwelt richten. Sie schenkt uns so viel Kraft, sie ernährt und heilt uns. Und wie schnell vergessen wir, wenn wir neue Gebäude errichten und neue Straßen bauen wollen, dass das unser Lebensraum ist, unsere Lebensgrundlage. Und nicht nur unsere.

Wie kraftvoll die Natur ist, sehen wir, wenn ein Gebäude für eine gewisse Zeit unbewohnt ist, ein bebauter Platz verlassen. Selbst der Asphalt bricht dann auf, und die Natur nimmt sich wieder diesen Ort.

Lasse uns bewusster mit unserer Natur umgehen und bei allen Vorhaben prüfen, ob sie so stimmig sind. Lasse uns von der Natur und den Pflanzen inspiriert sein, zur richtigen Zeit zu wachsen und zu ruhen zur anderen Zeit. Lasse uns weniger Chemie beim Anbau von Pflanzen verwenden, aber auch weniger im Haushalt und in der Körperpflege. Lasse uns in uns hineinfühlen, was »natürlich« ist.

Denn das ist Balance, Rhythmus und unsere ursprüngliche eigene Natur. Wir dürfen nicht vergessen, dass alles, was sich auf unsere Körper und unsere Emotionen auswirkt, sich ebenso auch auf unseren Planeten, unsere Mutter Erde, auswirkt. Ist diese in Balance, muss das Ungleichgewicht nicht mit Stürmen oder Überflutungen gereinigt oder müssen über Erdstöße Spannungen wieder in einen Ausgleich gebracht werden.

Wie im Kleinen, so im Großen. Fangen wir bei uns an. Beginne heute bei dir, und lerne deine Natur wieder kennen.

Leitfaden, um dein Wohlbefinden und das aller zu verbessern:

- Lasse dein Leben dein Gebet sein.
- Sei dir immer darüber bewusst: Du bist, was du lebst. Andere folgen dir nicht aufgrund der Dinge, die du ihnen vorschreibst, sondern aufgrund dessen, was du ihnen vorlebst.
- Du bist der Schöpfer deiner Gesundheit und deiner Realität.
- Je mehr du dich selbst und die gesamte Schöpfung liebst und segnest, desto mehr wird die gesamte Schöpfung dich lieben und segnen.
- Lebe, schätze, liebe, und genieße das Geschenk des Lebens.
- Danke, und sei demütig – immer.
- Und erinnere dich immer an das, was du bist: LIEBE.

Nimm dir nach diesem Kapitel noch einmal Zeit, und schreibe auf, wie du deine Frequenzen erhöhen und mit der Paradiesschwingung in dir abgleichen kannst.

KLEINE LEMURISCHE RITUALE FÜR DEN ALLTAG

Du kannst dir täglich einen besonderen »Tag im All« gestalten. Deine persönliche Verbindung mit Lemuria unterstützt dich dabei und führt dich durch deinen Alltag.

Der Atem – Regenbogenlicht

Der Atem der Schöpfung kommt von dir,
Gott (Vater, Mutter und Kind in einem).

Der Atem trägt uns durch das Leben. Er führt uns frische Energie zu, führt verbrauchte Energie ab, nährt und lädt unseren Lebensstrom. Wir können uns durch bewusstes Atmen verbinden, aufladen und alte Energie loslassen. Mit unserem Ankommen auf der Erde atmen wir ein. Der Atem trägt uns vom ersten bis zum letzten Atemzug. Gehen wir von der Erde in das Licht, atmen wir aus. Alles wird geatmet aus dem Licht der Einheit. Wir können uns jederzeit über den Atem aufladen und verbinden (Die Aufladung findest du in dem Kapitel »Neuausrichtung und Lichtaufladung« ab Seite 72).

ÜBUNG:
Der Liebesatem

Verbinde dich mit LE – der Engelschwingung,
MU – den höheren Ebenen und Dimensionen,
RI – dem Gefühl des Segens und der Glückseligkeit,
AN, und bringe das Regenbogenlicht
über die Atmung hierher.

Stelle dir das Regenbogenlicht in seinen wunderschönen Farben vor. Stelle dir vor, du stehst unter dem Licht des Regenbogens. Welche Farben sind in diesem Augenblick für dich wichtig? Stelle dir vor, wie sich diese Farben aus dem Regenbogen lösen. Es können auch andere Farbschwingungen sein wie Türkis, Gold, Magenta … Mit dem Einatmen nimmst du diese Farben tief in dich auf. Mit dem Ausatmen verteilst du die Farben in dir und um dich herum. Atme 5–10 Minuten auf diese Weise weiter. Danach wirst du dich erfrischt und aufgeladen fühlen.

ÜBUNG:

Verbindung über den Atem

Über den Atem können wir uns mit allem, was ist, verbinden. Mache dir bewusst, dass du und ich, alle Bäume, alles in der Natur dieselbe Luft atmet. Du kannst mit einem Menschen zusammen atmen, indem ihr Stirn an Stirn oder Herz an Herz zusammenbringt und drei Atemzüge gemeinsam atmet. Oder stelle dir vor, wie du mit den Bäumen atmest, mit den Tieren ... Du wirst die Verbundenheit über den Atem spüren und dein Gegenüber, die Bäume oder Tiere damit stärken und erhellen.

Kreiere dein persönliches kleines Atemritual. Was lädt dich auf? Welche Atemübung führst du am liebsten aus?

Der Segen

Der Segen ist immer da, immer und immerfort.
Wir sind es, die sich darin ausrichten können.

Segne alles, bevor du beginnst:
Lemurian, Lemurian, Lemurian.
Das Licht aus dem Paradies strömt und fließt auf die Erde.

LE ist die Verbindung im Geiste, ist die Verbindung in der Einheit. Erhebe deinen Blick in die Geistige Welt. Was tun alle Meister, alle Meisterinnen, alle Buddhas und alle Gottheiten? Sie segnen.

MU ist der Energiefluss. Lasse den Segen fließen.

RI ist die Glückseligkeit, die Freude aus der Freude, aus der Fülle und der Glückseligkeit höherer Welten.

AN ist der Beginn auf Erden, der Beginn in der materiellen Wirklichkeit. Lasse den Segen aus der feinstofflichen Wirklichkeit in die materiell erfahrbare Wirklichkeit hineinströmen. Sieh das Licht in aller Form.

MACHE DU DEN ANFANG.
Warte nicht auf den Segen, bringe du den Segen!

Der Segen ist immer da. Wir sind es, die sich wieder im Segen ausrichten dürfen. So nimm dir Zeit, dich zuerst im Segen und in der geistigen Ebene auszurichten. Mache dir bewusst, dass alle Meister, Engel und Wesen des Lichts ununterbrochen segnen. Der Segen ist immer da, und du kannst dich im Segen jederzeit ausrichten. Segne alles, bevor du beginnst.

ÜBUNG:

Der goldene Regen des Segens

»Möge der goldene Regen des Segens,
des Friedens und des Schutzes durch mich strömen
und in die Welt und in alles hineinfließen,
womit ich sichtbar und unsichtbar verbunden bin.
Möge der goldene Regen des Segens,
des Friedens und des Schutzes
durch mich und um mich fließen,
um alle Wesen und um die Welt,
zum Ruhme und zur Ehre der Schöpfung.«

Hebe deine Arme hoch. Fühle, wie Segensenergie in deine Hände und Arme fließt. Es kann zu kribbeln beginnen, warm werden. Führe, während du sprichst, die Arme langsam in deinem Tempo nach unten. Stelle dir vor, wie eine goldene Lichtsäule, eine goldene Dusche aus Licht, eine Lichtkugel oder ein Lichtmantel dich umhüllt und wie die Segensenergie in alles hineinströmt, womit du sichtbar und im Verborgenen verbunden bist, zum Ruhme und zur Ehre der gesamten Schöpfung.

Dies ist eine Übung, die du als Allererstes an jedem neuen Tag ausführen kannst. Segnen bedeutet »mit heiligem Licht versehen«. Ein Segen bringt das Licht der Schöpfung in ein Energiefeld. Etwas zu segnen, bedeutet, potenziell Gutes durch Worte, Bilder oder Taten zu bekräftigen und das, was gesegnet wird, mit Licht zu versiegeln. Wir bringen mit dieser Geste Licht in die Welt und laden Energiefelder auf. Al-

les, was wir aussenden, kommt vielfach zu uns zurück.

Gib deinen Segen. Segensformeln können sein:
»Ich segne alles, was du tust.«
»Möge mein Segen mit dir sein.«
»Frieden sei mit dir, all mein Frieden, Frieden für immer, jetzt, für immer und jeden.«

Notiere deine Erfahrungen mit dem Segen und dem Licht des Segens im Alltag.

ÜBUNG:

Segne, bis du lächelst!

Für diese Übung gibt es zwei Varianten. Probiere sie beide aus, und spüre den Unterschied. Beide Varianten sind auch gut miteinander verknüpfbar.

Erstens: Lasse den Segen überall dorthin fließen, wo er gebraucht wird, z. B. in die Körperzellen, in dein Zuhause, zu deinen Mitmenschen, zu Tieren, zu Plätzen, zu deinem Arbeitsplatz … Wenn du Lücken und Löcher wahrnimmst, so bitte unzählige Engel, diese zu füllen, damit Heilung geschehen kann. Fühle, wie dieser Segen die Energie umwandelt und zum Fließen bringt. Schreibe deine Erfahrungen mit dem Segen nieder.

Zweitens: Lasse den Segen zu den Personen und Dingen fließen, die schon gesegnet sind:

- zu den Engeln,
- in jede Zelle, die gesund ist und lacht,
- zu allen Quellen dieser Erde, die Trinkwasser spenden,
- zu allen Bäumen, Feldern und Früchten, die Nahrung spenden,
- zu allen Plätzen, die vor Kraft und Energie leuchten,
- zu allen Menschen, die glücklich auf diesem Planeten leben, und zu all denen, die glücklich und erfüllt ihre Bestimmung in einer Partnerschaft mit Kindern leben,
- in alle Häuser, in denen man glücklich leben kann,

› überall dorthin, wo du Heilungs- und Regenerationskräfte wahrnehmen kannst – sei es die Geistige Welt, die Natur, Menschen, Tiere, Pflanzen
› zu all denen, die erfolgreich heilend auf diesem Planeten tätig sind,
› zu allen Menschen und Tieren, die sich selbst geheilt haben,
› in alle neuen Heilmethoden, die es auf diesem Planeten gibt,
› in alles, was intelligent ist,
› überall dorthin, wo du die Weisheit und das wahre Wissen in dieser Welt fühlen kannst,
› in alle Menschen, die höhere Ebenen des Bewusstseins bereits vollständig leben,
› überall dorthin, wo du die Schöpferkraft fühlen kannst,
› in alles, was sein Herz weit geöffnet hat und aus dem Herzen lebt,
› in alles Geld dieser Erde, das im Umlauf ist,
› zu allen Menschen, die frei, bewusst und reich leben.

Segne alle Menschen, die so leben, wie du leben möchtest. Schreibe deine Erfahrungen auf.

Das Licht entzünden

Licht ist in allem. Licht ist in uns. Licht ist ewig.
Licht ist immer da!

Kerzen anzuzünden, hat eine sehr wohltuende Wirkung, denn ihr Lichtschein vermittelt Geborgenheit. Sie werden in allen spirituellen Traditionen verwendet, da sie das Licht der Seele, die Erleuchtung und das ewige Licht symbolisieren, das in einem endlichen Körper brennt. Das Wachs einer Kerze wird durch die Hitze der Flamme flüssig, so wie unser Herz weich wird im Licht der Liebe und heilsame Ströme des Segens aus dem Innersten in die äußere Welt zu fließen beginnen. Das flüssige Wachs steigt im Docht auf, um im ewigen Licht aufzugehen, vergleichbar mit dem Hohen Selbst, das uns führt. Feinstoffliche Lichtströme breiten sich aus, ähnlich einer geöffneten Blüte, die ihren heilsame Duft verströmt.

Doch das Licht der Kerze erinnert uns auch an das endliche Sein und daran, uns im ewigen Licht auf dem irdischen, endlichen Pfad auszurichten, das Herz zu öffnen, zentriert zu bleiben und das Licht der Liebe zu verströmen und somit das höchste Licht auf Erden zu verwirklichen. Lebenszeit ist kostbar. Wir können so viel Gutes bewirken, wenn wir in der Andacht des Lichts auf Erden wandeln. Über die Kerze ist alles mit allem verbunden. Durch das Anzünden einer Kerze können wir uns über weite Entfernungen und Grenzen hinweg im Licht verbinden. Wir können uns an unser ewiges geistiges Licht erinnern und damit Lichtströme der Heilung, des Trostes, des Mitgefühls und der Verbundenheit senden. Wir können besondere Kerzen zu besonderen Anlässen und für Menschen, Tiere und Plätze entzünden, die gerade Licht brauchen.

Unterschätze niemals diese kleine Geste des Lichts. Sie kann viel Heilsames bewirken.

ÜBUNG:
Kerzenlicht

Ich bin das Licht in dieser Welt.

Indem wir eine Kerze entzünden, rufen wir das unsichtbare ewige Licht in eine leuchtende Wirklichkeit und damit in die Tat.

Betrachte 5 Minuten lang die Flamme einer Kerze. So, wie das Licht der Kerze jetzt und hier leuchtet, so leuchtet das göttliche Licht jetzt und hier in dir, im Zentrum deines Herzens. Entzünde heute für jeden und alles, was du liebst, eine Kerze. Wähle Kerzen, die du der jeweiligen Person, dem jeweiligen Wesen zuordnen würdest. Betrachte den »Kerzentisch«, das Licht, das sich vor deinen Augen ausbreitet. Jede Kerze hat eine andere Form, eine andere Farbe, eine andere Größe, andere Zeichnungen oder Verzierungen. Doch so unterschiedlich die Kerzen äußerlich sind, werden sie doch vom gleichen Licht erleuchtet, das nun in allen Kerzen brennt. Dieses Licht unterscheidet nicht, es ist gleichwertig in allem Leben.

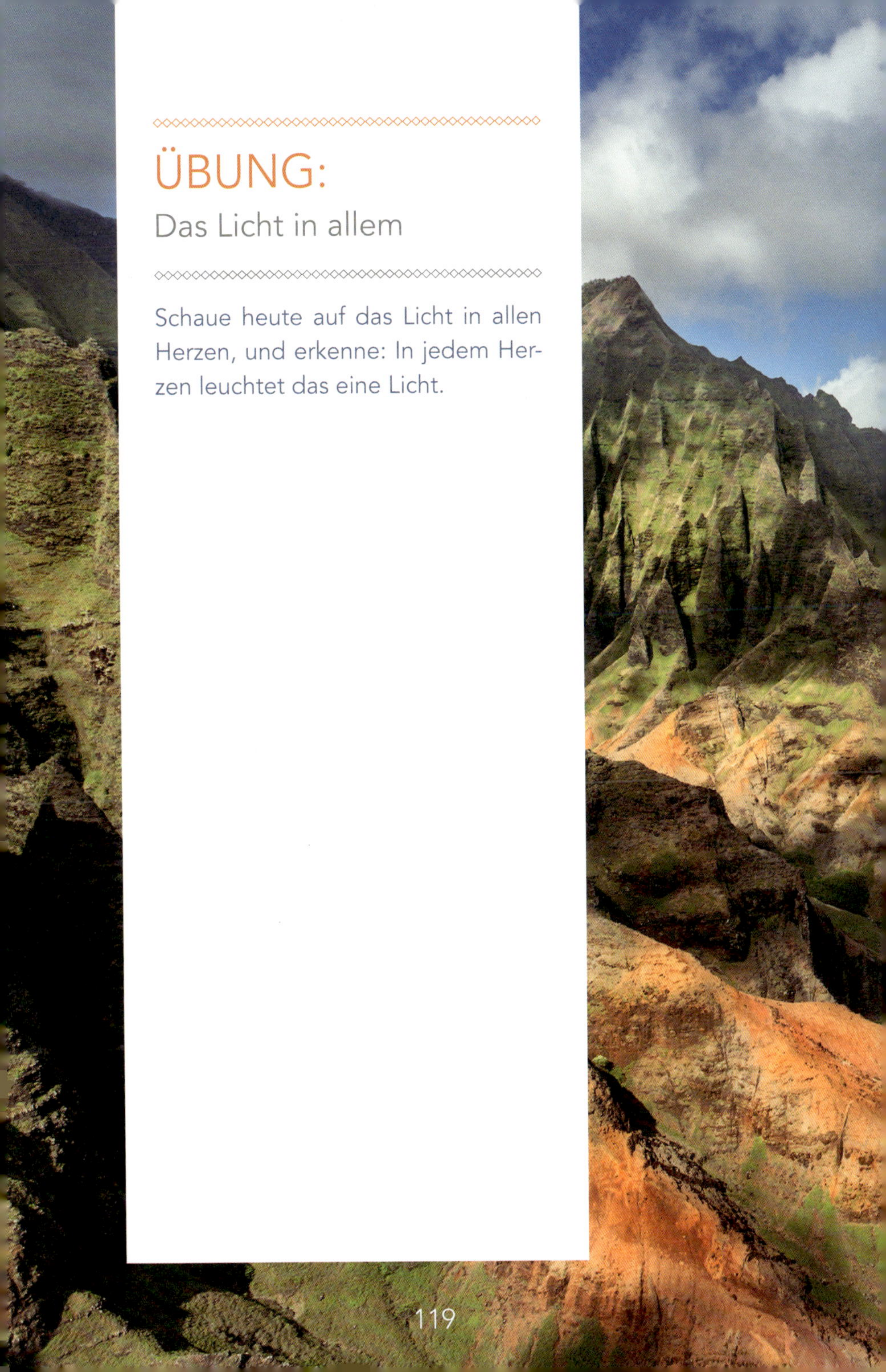

ÜBUNG:

Das Licht in allem

Schaue heute auf das Licht in allen Herzen, und erkenne: In jedem Herzen leuchtet das eine Licht.

IMPULS:

Herzzentrierung und Herzheilung

LE – die Lichtschwingen unseres Herzens – Lichtflügel
MU – das Empfangen der lichtvollen Botschaften aus höheren Welten im Herzen
RI – Frieden, Freude und Glückseligkeit des Lichts im Herzen
AN – die Schritte aus dem Herzen heraus tun und umsetzen

Machen wir den Anfang!

In unserem Herzen brennt das Feuer des Göttlichen. Eine Flamme, rein, vollkommen, ewig, unantastbar und frei. Wir können unseren Weg hier auf Erden aus diesem Licht heraus gehen und damit eine neue, goldene Wirklichkeit erschaffen.

Es wird Zeit, dass wir die Herzbrüche, die Vertrauensbrüche aus alten Erfahrungen, nun in unserem Herzen erlösen und die gebundene Energie befreien. Wenn das Herz heilt und die Energie frei fließen kann, dann wird sich alles, was mit uns verbunden ist, von allein erinnern, heilen und die Frequenzen erhöhen. Wir sind das Herz unseres höchsten Bewusstseins. Wir sind aufgebaut im Venusstern, dem Licht der Liebe. Die Kraft der Erlösung wohnt in jedem von uns. Wir sind Erlöser und können nun beginnen, durch Konzentration und Ausrichtung alle alten Schmerzen, Siegel, Erinnerungen im Herzen umzuwandeln und zu transformieren, indem wir uns mit den höchsten Ebenen des Lichts verbinden.

Öffne dein Herz immer und immer wieder. Vertraue der göttlichen Führung in dir. Erlöse und befreie. Das göttliche Licht wohnt in deinem Herzen. Die Energie darf fließen, sich heilsam in die Welten ergießen. Manche Wege auf Erden sind Aufgabe und manche Wege Geschenk. Der Weg des Herzens ist der Weg der Mitte und der Balance aller Kräfte.

ÜBUNG:

Hand auf das Herz

Die erste Übung, die wir machen können, bevor wir den Venusstern aufbauen, ist, uns zu fragen: »Wo bin ich gerade in meinem Körper?« Meistens befinden wir uns im Kopf, doch im Herzen fließen alle Strömungen zusammen. So lege mehrere Male am Tag einfach deine Hand auf dein Herz, und atme tief in dein Herz herein und aus deinem Herzen hinaus. Nimm dein Herz wahr. Wie zeigt es sich dir? Wenn es ein Gesicht hätte, welchen Ausdruck würde es haben?

Lasse es lachen! Lasse es vor Freude und Glück strahlen! Sei mit dir selbst in Kontakt. Höre nach innen, und achte dich und das, was du brauchst, um in Balance und glücklich zu sein.

ÜBUNG:

Der Venusstern

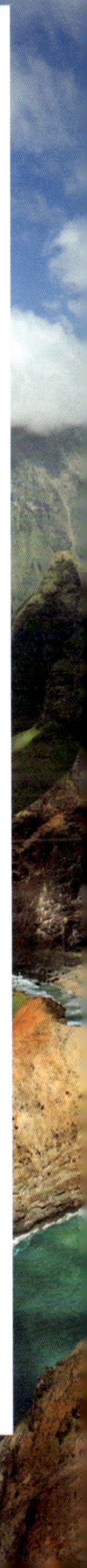

Nimm deine Arme nach oben, und lasse deine Fingerspitzen sich über deinem Kopf berühren. Strecke nun deine Arme durch, sodass sie zusammen mit deinen Schultern ein lang gezogenes Dreieck bilden. Am höchsten Punkt, dort, wo sich die Mittelfinger berühren, beginnt das Einheitsfeld. Von hier aus strömt die Energie der Einheit in die Polarität hinein. Atme durch diesen Punkt ein. Du kannst dir dabei goldenes oder brillantes, diamantenes Licht vorstellen.

Löse nun deine Hände voneinander, und ziehe sie an deinen Körperseiten entlang bis nach unten in die tiefste Polarität. Stelle dir dabei vor, wie das Licht der Einheit in deine männliche und in deine weibliche Seite fließt. Atme ein und aus. Verweile in dieser Haltung. Deine Arme und Hände zeigen links und rechts nach unten und bilden in der Verlängerung ein Dreieck mit dem Boden.

Bringe nun deine Hände aus der Dualität in die Einheit deines Herzens. Berühre hierfür mit der linken Hand die rechte Schulter. Die rechte Hand berührt die linke Schulter. Deine Arme bilden eine liegende Acht, das Zeichen der Unendlichkeit, vor dem Herzen. Liebe ist ewig und unendlich. Sie hat keinen Anfang und kein Ende. Dort, wo sich deine Arme kreuzen, befindet sich die fünfte Herzkammer, in der sich die polaren Kräfte vollständig neutralisieren. Halte diese Position. Liebe dich selbst. Passe auf dich auf. Hüte dein Sein. Umarme dich in der ewigen Liebe. Stelle dir vor, wie du dich vollständig in dem Licht, das du gewählt hast (gold oder brilliant, diamanten) auflädst und immer heller und strahlender wirst.

Wenn du vollständig von diesem Licht aufgeladen bist, löse deine Position, und strecke deine Arme nach links und rechts aus, sodass sie waagrecht nach außen zeigen. Öffne dich nun für die Liebe zu allem Leben. Spüre, wie der Venusstern unseres Universums sich weiter mit dem Venusstern in der Zentralsonne verbindet und mit allen Ebenen in dir abgleicht. Es dürfte jetzt sehr warm in deinem Rücken sein. Fühle die Verbindung mit allem Sein in der Liebe. Wie fühlst du dich jetzt in deinem Körper? Fühle dich eingehüllt in die Farben des Regenbogens, die dein Sein gerade braucht.

Wiederhole diese Zeichnung des Venussterns drei- bis fünfmal. Dann spüre in deinem Körper nach. Der Kopf dürfte jetzt leer – ein empfangendes Gefäß für die höchste Weisheit – und dein Herzfeld angefüllt sein mit pulsierender, strahlender Lebensenergie. Du bist ganz bei dir und nicht mehr woanders und doch vollständig mit dem lebendigen Feld verbunden.

Diese Übung kannst du jederzeit machen, um dich mit deinem inneren Führungssystem zu verbinden, ruhig zu werden und noch tiefer in die Meditation zu kommen, zum Beispiel, um in spirituelle Übungen wie Yoga, Qi Gong usw. zu gehen. Du wirst sehen, dass mit ihr alles viel leichter und im Flow ist. Liebe ist leicht, losgelöst, ja, fast schwerelos.

ÜBUNG:

Die Flamme im Herzen

Konzentriere dich, sooft es dir in den Sinn kommt, auf die ewige Flamme in deinem Herzen. Atme in sie hinein, und erlaube, dass sie größer wird und sich weit öffnet, dass sie beginnt, in dir und um dich herum zu strahlen, und alles auflöst, was zwischen dir und dem höchsten Licht steht. Atme hinein, und lasse sie noch größer werden. Spüre, wie sich dunkle Schichten und Blockaden lösen und das Licht fließen und strömen kann. Spüre dabei, wie sich die höheren Ebenen und Dimensionen öffnen und du dich immer mehr mit der Quelle allen Seins verbindest. Warte, bis deine Flamme im strahlenden Licht der Sonne erleuchtet. Nichts kann mehr zwischen deiner Herzensflamme und dem kosmischen Licht stehen. So kannst du deinen Weg in der Einheit des Lichts gehen.

Der HERZENSWEG folgt der Anweisung
des inneren ewigen Lichts im Herzen
in der äußeren Welt.

ÜBE DICH DARIN, jeden Tag auf dein Herz zu hören und dir aufzuschreiben, was du über die inneren Ebenen wahrnimmst.

Morgenritual

**Ein neuer Tag. Jeder Tag ist ein neuer Anfang.
Jeder Tag ist eine neue Chance, glücklich zu sein.**

Mache dir den neuen Morgen und die unzähligen Möglichkeiten bewusst, die dir heute von der Schöpfung geschenkt werden.

Wenn du morgens noch im Bett liegst, so kannst du dich mit Lemuria verbinden. Vergegenwärtige dir die vier Silben LE – MU – RI – AN, und spüre die Verbindung mit dem Paradies in dir.

LE – Osten – Wind – das neue Licht am Morgen. Der Segen für den Tag: Spüre, wie das goldene Licht des neuen Tages in den Tag hineinfließt. Verstärke es durch Energieausrichtung durch deine Gedanken und Energielenkung durch deine Hände. Nimm hierzu deine Hände, noch während du liegst, nach oben, führe sie am Körper entlang nach unten, öffne deine Hände und sende den Segen in den neuen Tag hinein. Bilde dann mit deinen Händen eine Schale, verbinde dich mit deinen Engeln. Warte, bis du ihr Licht, ihre Gegenwart wahrnimmst. Spüre, was sie dir für den neuen Tag mitteilen oder in die Hände legen. Wenn du es fühlst, spürst oder weißt, so nimm die Hände zu deinem Herzen, und atme das Geschenk aus der Geistigen Welt in dein Herz hinein.

MU – Westen – Wasser – die Wellen, das Wasser, der Strand. Spüre den Energiefluss des Tages. Ist er ruhig, wellig, still, aufgewühlt, stürmisch? Verbinde dich mit dem Energiefluss, und lasse ihn durch dich fließen mit einer bestimmten Qualität: Liebe, Güte, Mitgefühl, Freude …

RI – Süden – Feuer – das Licht, die Freude, die Wellen der Glückseligkeit. Welches Feuer, welche Farben des Regenbogens leuchten heute und hüllen dich ein?

AN – Norden – Erde – ICH BIN DA! Neuer Tag, neue Möglichkeiten, neuer ANfang: Was möchtest du ANschalten?

Wenn du aufgestanden bist, so nimm dir Zeit für dich selbst.

ÜBUNG:
Dein Tag

Stelle dir vor, der Beginn deines Tages symbolisiert, wie du durch dein Leben gehst. Was ist dein erstes Gefühl, wenn du aufwachst? Wie betrachtest du den Tag? Und wie beginnst du ihn?

Nimm dir Zeit, dir einen kurzen Überblick über deinen heutigen Tag zu verschaffen, und eile nicht in die ersten Aufgaben deiner niemals endenden To-do-Liste. Gönne dir ein paar Minuten Ruhe. Wenn du sie dir nicht zusätzlich nehmen kannst, nutze zum Beispiel deine Zeit unter der Dusche, um dich zu fokussieren und deine Intention zu setzen, sodass du einen immer wiederkehrenden Rhythmus hast.

Deine entscheidenden Fragen am Morgen:

› Was möchtest du am heutigen Tag erleben?
› Wie sieht dieser Tag idealerweise aus?
› Was ist wirklich wichtig zu erledigen?
› Wie möchtest du dich heute tagsüber oder am Abend fühlen?
› Wie wäre es, wenn du die besten Entscheidungen triffst?
› Wie wäre es, wenn du von den liebevollsten Menschen umgeben bist?
› Wie viel bedeutet es dir, wenn du dir heute Zeit nimmst, dich in Themen weiterzubilden, die dich interessieren?
› Wie fühlst du dich, wenn du deinen Herzensthemen Raum gibst?

› Wie bedeutend würde dieser Tag sein, wenn du einen kleinen Schritt in deiner Lebensaufgabe vorangehst?

Wenn du deinen Fokus klar gesetzt hast, starte in deinen Tag. Idealerweise kombinierst du deine Ausrichtung mit Übungen zur Frequenzerhöhung. So wirst du heute besonders die Menschen in dein Leben ziehen, die über ein ähnliches Energieniveau verfügen.

ÜBUNG:

Erschaffe dir dein eigenes Morgenritual

Sprich ein persönliches Gebet am Morgen oder eine Affirmation, z. B.:

- »Ich bin …«
- »Ich fühle mich …«
- »Ich liebe mich.«
- »Ich achte auf mich und meine Bedürfnisse.«
- »Ich stehe zu mir und trete für mich ein.«
- »Ich lade … (z. B. das Beste) für den heutigen Tag ein.«
- »Ich segne den neuen Tag, der heute vor mir liegt.«

Abendritual

Nimm dir am Abend Zeit für dich, und frage dich, bevor du einschläfst oder in einem schönen Abendritual, vielleicht bei Kerzenschein und schöner Musik:

- Worin konnte ich am heutigen Tag die Liebe erkennen?
- Wann war ich ganz bei mir?
- Wann habe ich meine Führung wahrgenommen, und wann habe ich ihr vertraut? Was ist dadurch geschehen?
- Wo kann ich noch mehr Mitgefühl anderen Menschen gegenüber aufbringen?
- Wie habe ich heute auf meine Gedanken, Worte und Taten geachtet?

Wichtig ist, dass wir das Morgen- und das Abendritual zu unseren ständigen Begleitern machen und uns immer wieder an sie erinnern, bis sie voll in unseren Alltag integriert sind. Meist benötigen wir etwa 21 Tage, um eine Änderung in unseren Gewohnheiten zu etablieren. Daher versuche, eine gewisse Konsequenz zu entwickeln oder ein Tagebuch zu führen, in dem du deine Fortschritte dokumentierst, um deine eigene Veränderung und die in deinem Leben noch besser beobachten zu können.

ÜBUNG:

Vorbereitung auf die Nacht

Um deine Energie für die Nacht zu erhöhen und damit die Traumzeit optimal zu nutzen, kannst du die Ereignisse des Tages rückwärts vor deinem inneren Augen ablaufen lassen. Was waren die Segenspunkte? Was waren die Glückspunkte des Tages? Wofür bist du dankbar? Wasche deine Füße, und lasse alle Ereignisse des Tages in deiner Vorstellung über die Füße abfließen. Wenn es ein herausfordernder Tag war, so ist ein Salzbad oder eine Dusche hilfreich. Creme anschließend deine Füße, z. B. mit einem wohltuenden Öl, ein, denn warme Füße tragen uns im Traumreich. Dann schaue fünf Minuten lang in ein Kerzenlicht oder in einen reinen Kristall. So stimmst du dich auf die feinstoffliche Kraft der Träume ein, die kristallin ist, und kannst dein Traumgeschehen verstärken.

Wenn du im Bett liegst, so verbinde dich mit Lemuria:
LE – Engel – Wenn du eine Frage/ein Anliegen hast, die/das dich beschäftigt, so übergib sie/es an die Geistige Welt. Sie kann dir eine Antwort in deinen Träume senden.
MU – Loslassen – Ich gebe frei und lasse fließen. Stelle dir vor, wie du deine Schale des Lichts hältst und alles, was du im Laufe des Tages angesammelt hast, in das Licht gibst, das sich auf beste Weise darum kümmert.
RI – Verbinde dich mit dem Licht der Glückseligkeit. Welche Farbe, welches Feuer hüllt dich ein und wiegt dich in den Schlaf? Welches Gefühl nimmst du mit in den Schlaf?
AN – Erde – Vertraue, und gib dich in die liebenden Hände des Göttlichen, das dich durch die Nacht trägt.

Träume und Traumverschiebung

Wir träumen alles, bevor es geschieht.
Träume sind die Post der Seele.
Achte auf deine Träume.

Jeder von uns träumt, ob es uns nun bewusst ist oder nicht. Doch die wenigsten wissen, dass auch Tiere und Pflanzen träumen. Über die Träume ist alles mit allem verbunden, eins. Über sie können wir uns in die tiefsten Ebenen hinab- und in die höchsten Ebenen hinaufschwingen. Über sie sind wir mit Lemuria verbunden und können dort verweilen. Vor dem Einschlafen können wir uns ganz bewusst mit unserer geistigen Führung und der Schwingung Lemurias verbinden.

Hier ein paar kleine Regeln für die Nacht:

- Bereite dich auf die Nacht vor.
- Gehe mit einer hohen, guten Frequenz ins Bett.
- Verbinde dich vor dem Zubettgehen mit den Lichtwelten, z. B. mithilfe eines kleinen Gebets oder einer klaren gedanklichen Ausrichtung.
- Wir träumen mehrmals in der Nacht, und der Traum am Morgen führt in den neuen Tag. Stelle deinen Wecker daher so, dass du sanft aus deinem Traumgeschehen in den Tag gleiten kannst.
- Lasse deine Augen zuerst geschlossen, und spüre der Energie der Nacht nach, deinen Gefühlen, den Energien und Erinnerungen. In dem Moment, in dem du die Augen öffnest, verschwindet der Traum.
- Notiere dir deine Träume, wenn du dich an sie erinnern kannst, und beachte sie.

Wir können lernen, im Traum aufzuwachen.
Wir können lernen, im Traumgeschehen die Aktionen bewusst und positiv zu lenken.
Wir können im Traum Heilung und Segen bewirken.

Wenn du einen dunklen Traum hast, so träume diesen Traum bewusst weiter, und verwandle ihn zu einem positiven und glücklichen Ausgang hin. Du kannst auch tagsüber in den Traum zurückkehren und ihn positiv verwandeln.

ÜBUNG:

Traumheilung

Entspanne dich, mache es dir bequem, und schließe deine Augen. Atme zum Kronenzentrum ein und zum Bauchnabel aus. Lade dich auf. Nimm mit dem Einatmen das Licht auf, und verteile es mit dem Ausatmen in dir und um dich herum. Erinnere dich nun an einen Albtraum in deinem Leben, entweder einen, den du kürzlich hattest, oder einen aus deiner Kindheit. Wähle am besten einen Traum, der immer wiederkehrt, oder einen, der dich gerade beschäftigt.

Begib dich nun ganz in diesen Traum, mit all deinen Gedanken, Emotionen und deinem körperlichen Unwohlsein, mit allem, was auch immer auftreten mag. Verändere diesen Traum ins Positive. Nimm jegliche Hilfe, die dich dabei innerlich und äußerlich unterstützen mag, dankbar entgegen. Du hast viele geistige Freunde und Helfer, die dich dabei unterstützen, den Traum zu wandeln. Verändere den Traum auf die Art, wie du ihn gern hättest. Träume den Traum bis zum Ende. Lasse etwas Gutes aus dem Traum entstehen, verändere die Energie im Traum, verändere die Situation des Traumes, gehe ganz bewusst hinein, und verändere seine Elemente, Ereignisse und die Substanz des Traums. Verändere so viel, bis du dich sehr gut mit dem Ergebnis fühlst und erleichtert bist.

Wenn du mit diesem Prozess fertig bist, dann komme zurück in die Gegenwart, nimm einige tiefe Atemzüge, bewege deinen Körper, rekle und strecke dich, und sei wieder im Hier und Jetzt.

ÜBUNG:
Traumschulung

Schreibe dein persönliches Einschlafritual sowie deine morgendlichen Erinnerungen und Empfindungen nach dem Träumen nieder, und nimm sie immer wieder zur Hand. Was verändert sich? Was sagen dir deine Träume?

Balance in herausfordernden Situationen

Ich denke Vollkommenheit.
Ich bin und bleibe in meinem Fühlen ruhig,
liebevoll, gütig, hilfreich und glückselig.
Meine Augen sehen die Schönheit.
Meine Hände segnen und heilen.
Meine Füße sind die Boten des Guten.
Mein Körper ist stark und gewillt,
die göttliche Vollkommenheit und
Liebe zum Ausdruck zu bringen.

LE – Erkenne deine wahre Essenz.

MU – Balanciere dich in der Mitte.

RI – Richte dich auf deinen Wunsch, auf dein Ziel aus.

AN – Sprich die Wahrheit aus deinem Herzen. Sei dir selbst treu. Wähle neue Wege.

Wenn du dich in einer herausfordernden Lebenssituation befindest, so ist es wichtig, dich nach innen zu wenden und dich in dir selbst auszurichten. In der Liebe geht es immer wieder um Balance und Gleichgewicht, um den Weg der Mitte. Es geht um Selbstliebe und Nächstenliebe, innere Wege und äußere Wege, Einatmen und Austamen. Und so ist es unsere Aufgabe, immer wieder in unsere Mitte zurückzukommen, uns aus- und aufzurichten und aus dem Zentrum unseres Herzens unseren einzigartigen

Erdenweg zu gehen. Manche Wege hier auf der Erde sind Aufgabe, manche Wege Geschenk. Gerade die Wege, die Aufgaben bereithalten, helfen uns im Wachstumsprozess.

Führe ein persönliches Tagebuch, in dem du reflektieren kannst. Schreibe dir auf, wo du stehst und wo du hinmöchtest. Du kannst dir auch eine Zielcollage basteln, indem du Bilder, die für deine Ziele stehen, zusammenträgst. Halte in deinem Büchlein Fortschritte, Erfahrungen, Erfolge und Erlebnisse auf deinem Weg fest. Konzentriere und fokussiere dich auf das Ziel deiner Reise.

Du findest hier ein paar Impulse, die dir helfen können, dich neu auszurichten und deine Erlebnisse zu reflektieren.

Schätze dich selbst:
»Ich liebe mich, weil ...«
»Ich liebe besonders an mir ...«
»Meine Stärken sind ...«

Wechsle die Perspektive:
Schreibe deine Erlebnisse aus mehreren Perspektiven nieder.
Schreibe sie aus deiner Sicht.
Schreibe sie aus der Sicht deiner Engel.
Betrachte sie vom Paradies aus – aus der Sicht deines Höheren Selbst.

Dein inneres Führungssystem:
LE – die Verbindung mit deiner wahren geistigen Lichtnatur und deinen Helfern in anderen Dimensionen und Ebenen

MU – der Energiefluss
Er strömt aus der höchsten Quelle in die Form.
Er strömt aus dem geistigen Bewusstseinsfeld in die irdische Form.
RI – Freude und Glückseligkeit sind immer da. Stimme dich darauf ein.
AN – Nun kannst du deine Tätigkeit beginnen.

Wenn du dich zuerst im Geist, im höchsten Licht ausrichtest, dann hast du alle Kraft, um dein Leben zu gestalten und das Licht, das dich mit jedem Atemzug durchströmt, zu lenken und zu leiten. Du kannst dein eigenes Muster aus dem Licht deines Herzens wählen. Und auch wenn es in dieser Welt vielleicht erst einmal keinen Anklang findet, so wird es wirken und neue Bewusstseinsfelder öffnen. Vertraue auf dich selbst!

PROPHEZEIUNG UND AUFSTIEGSPROZESS

Die Regenbogenprophezeiung

»Eines Tages wird es eine Zeit geben, in der die Erde verwüstet und verschmutzt wird, die Wälder zerstört, in der die Vögel aus der Luft fallen, das Wasser geschwärzt wird, die Fische in den Bächen vergiftet werden und die Bäume nicht mehr existieren. Die Menschheit, wie wir sie kennen, wird fast aufhören zu existieren.«

So beginnt die »Regenbogenprophezeiung«, wie sie vor über einem Jahrhundert von einer Frau der Cree-Indianer aus Kanada wiederholt wurde.

Die Cree sind eines der größten Indianervölker der First Nations in Nordamerika. Es gibt über 135 Cree-Stämme in Kanada mit einer Gesamtbevölkerung von ca. 200.000 Mitgliedern.

Die »Regenbogenprophezeiung«, unter welchem Namen sie inzwischen bekannt ist, erzählt von den Hütern der Legenden, der Rituale und anderer Mythen, deren Hilfe wir benötigen, wenn es darum geht, die Gesundheit auf der Erde wiederherzustellen. Es wird angenommen, dass diese legendären Wesen an einem Tag des Erwachens zurückkehren werden, an dem sich alle Menschen vereinen und eine neue Welt der Gerechtigkeit, des Friedens und der Freiheit schaffen werden. Diese Menschen werden die »Kinder des Regenbogens« genannt. Sie werden die Werte und das Wissen, das mit der Zeit verloren gegangen ist, wieder lehren und zeigen, wie man Weisheit und übernatürliche Talente nutzt und dass das Leben in Einheit, Harmonie und Liebe der einzige Weg für das Überleben auf dem Planeten und im ganzen System ist.

Der Begriff »Regenbogenprophezeiung« bezieht sich auf die verschiedenen Hautfarben der ursprünglichen Menschen. Zu Beginn dieses Zeitzyklus, vor langer Zeit, kam der Große Geist herab, und er erschien und versammelte die Völker dieser Erde – sie saßen auf einer Insel, die jetzt unter Wasser liegt –, und er sagte zu den Menschen: »Ich werde euch in vier Richtungen schicken, und mit der Zeit werde ich euch in vier Farben verwandeln. Aber ich werde euch einige Lehren schenken, und ihr werdet diese ›die ursprünglichen Lehren‹ nennen. Wenn ihr wieder zusammenkommt, werdet ihr diese teilen, damit ihr Frieden auf Erden haben könnt. Und eine große Zivilisation wird entstehen.«

Ein besonders interessanter Teil der Prophezeiung bezieht sich auf die Wahl der Anführer. Der Geschichte zufolge wird nicht derjenige ein Anführer sein,

der am lautesten spricht, sich mit Erfolgen rühmt oder die Unterstützung der Elite hat. Anführer werden diejenigen sein, deren Handlungen am lautesten sprechen, diejenigen, die Weisheit und Mut beweisen und gezeigt haben, dass sie zum Wohle aller arbeiten.

Der Regenbogen hat bei den indigenen Stämmen seit jeher eine besondere Bedeutung. Er ist in allen Dingen mit dem Geist (Oberster Gott/Schöpfer) verbunden. Abgesehen von der Cree-Prophezeiung gibt es viele weitere Prophezeiungen und Geschichten von den Hopi, den Zuni und den Cherokee, die sich auf die Regenbogenkinder beziehen.

»Es wird ein Tag kommen, an dem Menschen aller Rassen, Farben und Glaubensrichtungen ihre Unterschiede beiseitelegen werden. Sie werden in Liebe zusammenkommen und sich bei der Vereinigung zusammenschließen, um die Erde und alle ihre Kinder zu heilen. Sie werden sich wie ein großer wirbelnder Regenbogen über die Erde bewegen. Wohin sie auch gehen, werden sie Frieden, Verständnis und Heilung bringen. Viele Kreaturen, die für ausgestorben oder mythisch gehalten werden, werden zu diesem Zeitpunkt wieder auftauchen. Die ursprüngliche Natur, die verschwunden ist, wird fast über Nacht zurückkehren. Alle Lebewesen werden gedeihen und Nahrung aus unserer Mutter, der Erde, beziehen.

Die großen spirituellen Lehrer, die auf der Erde wandelten und die grundlegenden Wahrheiten der Regenbogenprophezeiung lehrten, werden zurückkehren und wieder unter uns wandeln und ihre Kraft und ihr Verständnis mit allen teilen.

Wir werden lernen, wie man auf heilige Weise sieht und hört. Männer und Frauen werden gleich sein, so, wie es der Schöpfer beabsichtigt hat. Alle Menschen werden sicher sein, was immer sie tun möchten. Die Ältesten werden für ihren Beitrag zum Leben respektiert und geschätzt werden. Ihre Weisheit wird gesucht werden. Die ganze Menschheit wird ›das Volk‹ genannt werden, und es wird für immer Frieden sein.«

Navajo-Hopi-Prophezeiung des Regenbogens

»Es wird ein Tag kommen, an dem Menschen aller Rassen ihre Unterschiede beiseitelegen werden.«

Navajo-Hopi-Prophezeiung des Regenbogens

»In der Zeit des siebten Feuers wird ein neues Volk entstehen. Die Menschen werden ihre Schritte zurückverfolgen, um die Weisheit zu finden, die vor langer Zeit am Rande des Weges zurückgelassen wurde. Ihre Schritte werden sie zu den Ältesten führen, die sie bitten werden, sie auf ihrem Weg zu begleiten. Wenn das neue Volk auf seiner Suche stark bleibt, wird die heilige Trommel wieder ihre Stimme erklingen lassen. Es wird ein Erwachen des Volkes geben, und das heilige Feuer wird wieder entzündet werden. Zu diesem Zeitpunkt wird die hellhäutige Rasse die Wahl zwischen zwei Straßen haben. Ein Weg ist der Weg der Gier und der Technologie, ohne Weisheit und Respekt vor dem Leben. Der andere Weg ist der Weg der Spiritualität, ein langsamerer Weg, der den Respekt vor allen Lebewesen einschließt. Wenn wir den spirituellen Weg wählen, können wir ein weiteres Feuer, ein achtes Feuer entzünden und eine längere Periode des Friedens und gesunden Wachstums beginnen.«

Frei nach Großvater William Commanda der Algonquin

Die Bezugnahme auf eine neue Ära, ein Goldenes Zeitalter, das von Harmonie, Stabilität und Wohlstand geprägt ist, findet sich nicht nur bei den Indianern in Nordamerika, sondern in Mythen und Legenden auf der ganzen Welt. Das Goldene Zeitalter, oder auch das Goldene Geschlecht, ist bekannt als »Chryseon Genos« in der griechischen Mythologie, als »Satya Yuga« in der vedischen und hinduistischen Kultur und als »Gullaldr« in der nordischen Mythologie. Ein Aspekt, der in vielen Legenden von der Goldenen Ära üblich ist, ist die Rückkehr von Wesen oder Göttern, die bei der Wiederherstellung der Erde helfen werden.

In der klassischen griechischen Mythologie wurde das Goldene Zeitalter von dem Titan Kronos geführt. In einer Version des Mythos regierte auch Astraea. Sie lebte bis zum Ende des Silberzeitalters bei den Menschen, aber in der Bronzezeit, als die Menschen gewalttätig und gierig wurden, floh sie zu den Sternen. Am Nachthimmel erscheint sie als Sternbild Jungfrau und hält die Waage der Gerechtigkeit.

Ob diese Prophezeiungen wahr sind oder nicht? Vieles von dem, worüber gesprochen wird – die Ära der Gier und Gewalt –, ist heute in weiten Teilen der Welt Realität. Korruption, Armut, Konsumgier, eine Machtverteilung, die nur wenige begünstigt, und Ungerechtigkeit sind vorherrschende Merkmale unserer Zivilisation, begleitet von einem großen technologischen Fortschritt, der zu einem Werkzeug zur Unterdrückung des Widerstands geworden ist. Ob Wesen aus der Vergangenheit sich einmischen werden oder nicht, eines ist sicher: Das Leben kann auf diese Weise nicht ewig weitergehen!

Es wird von diesen erleuchteten Wesen von den Sternen gesprochen, die einst auf Inseln oder Kontinenten lebten, die heute untergegangen sind, Wesen, die zurückkehren werden, um die Welt, unseren Planeten, unsere Mutter Erde, zu unterstützen und darüber hinaus das ganze System in eine neue Ära aufsteigen zu lassen.

Was fühlst du gerade in diesem Moment, in dem du diese Worte liest? Fühlst du dich und fühlt dein ganzes Wesen sich angesprochen? Es ist nun kein Geheimnis mehr. Du bist ein aktiver Teil dieses grandiosen Plans und dazu bestimmt, diese wundervolle Prophezeiung, diesen Wandel kraftvoll mitzugestalten und jeden Schritt bewusst zu erleben.

Lemuria und die Bedeutung des Rades des Lebens

Dieses Bild, das einen Kreis mit fünf Speichen und einen zentralen Bereich darstellt, ist ein Konzept, das aus alten Zeiten stammt, in denen Bildung in einer anderen Form stattfand als heute. Es war eine Bildung in Leben, Mitgefühl, Einheit, Verständnis, Liebe und vielem mehr, die von Generation zu Generation weitergegeben wurde. Eine Bildung, die nie zu Ende ging, sondern weiterentwickelt und über alle Generationen hinweg überliefert wurde.

Und so lautet das Konzept: Das Rad oder der Kreis stellt die Fortsetzung des Lebens dar, unendlich und ohne Anfang. Die Speichen stellen, wenn man so will, Segmente der Kommunikation dar, obwohl sie alle Teile der Einheit – von allem, was ist – sind. Die verschiedenen Themen trugen dazu bei, die Informationen zugänglich und expansiv zu machen, indem sie sich miteinander verbanden und sich im Zentrum zu der Drehscheibe oder dem Punkt der Einheit und zur Verbindung mit den kosmischen Energien zusammenschlossen. Dieser Punkt wurde als Zentralsonne bezeichnet.

Die Speichen bilden mit dem Zentrum sechs verschiedene Abschnitte, und da es keinen Anfang und kein Ende gibt, gab es weder eine Hierarchie der Fächer oder Lernpunkte noch eine Hierarchie der Lehrer für die Lernenden. Die Ältesten gingen um den Kreis und setzten sich in den entsprechenden Abschnitt.

Die Mütter und Väter sowie die Sternenweisen von anderen Planeten begleiteten und lehrten die Kinder bis zum Alter von 13 Jahren. Es kamen sowohl Jungen als auch Mädchen. Nach dem 13. Lebensjahr wurde verschiedenen Themenbereichen, die für die Natur der beteiligten Seelen, ihre Interessen, Fähigkeiten und Seelenmission relevant waren, mehr Aufmerksamkeit geschenkt.

Alles war darauf ausgerichtet, die körperliche, emotionale, spirituelle und geistige Gesundheit der Schüler zu unterstützen und ihr allgemeines Wohlbefinden und ihre Entwicklung zu stärken.

Die Mütter genossen es, Zeit mit ihren Kindern zu verbringen, deren Zeit des Lernens und Entdeckens beizuwohnen und sich mit ihnen zu identifizieren und darüber auszutauschen, was den Kindern vorgestellt wurde. Dies stärkte die Bindung zwischen ihnen und innerhalb der Familie, und alle Ereignisse, die außerhalb der Kreiszeit stattfanden, konnten wiederum auf die Lehren zurückgeführt werden, um den Kindern zu helfen, die Situation zu verstehen und sich bestmöglich zu entwickeln.

Disziplinierung war selten erforderlich, da die Lehren und das Verständnis der alten Bräuche und das Geschichtenerzählen für alle in der Gemeinschaft ein größeres Gefühl der Zugehörigkeit schuf.

Da alle Familien integriert waren, unterstützten andere Älteste die Lernstätte, da alle am selben Ziel arbeiteten: Liebe, Harmonie, Frieden und das höchste und größte Wohl für die Gemeinschaft, für Mutter Erde und alle Lebewesen.

Die Menschen lebten in Gemeinschaften und in Harmonie mit den Zyklen des Lebens und der Jahreszeiten. Sie sahen die Veränderungen in der Natur, waren eins mit ihr und hatten nicht den Wunsch, irgendein Ungleichgewicht zu schaffen oder einem Lebewesen oder Mutter Erde zu schaden.

Dieser Wunsch, mit allen Lebewesen in Harmonie zu sein, Mutter Erde zu lieben und zu ehren für alles, was sie ihnen zur Verfügung stellte, war der Grundstein ihrer Existenz und erfüllte sie mit Liebe, Wertschätzung und Dankbarkeit und schuf eine harmonische und gesunde Umgebung für Generationen von lemurianischen Seelen.

Ihre Existenz war eine sehr lichtreiche Zeit, sie lebten in Leichtigkeit auf der Erde, und ihre Energie war von sehr feiner und hoher Schwingung. Sie genossen Zeremonien zu Ehren der Erde und ihrer eigenen Entwicklung und integrierten die Sterne, die Monde und die Sonne in ihr tägliches Leben.

Das Rad des Lebens war ein wichtiger Teil der Existenz und wurde von allen geschätzt. Die Kinder liebten es, die Geschichten zu hören, die als Teil ihrer Identität und Entwicklung immer wieder wiederholt und von den Eltern und Sternengeschwistern, die Teil dieser Einführung in das Verständnis ihres Lebens auf Erden waren, gern erzählt wurden.

Und so waren die Abschnitte für das Rad des Lebens auf Erden gegliedert:

- die Geschichte der Lemurianer und ihre Beziehung zur Erde
- die Wahrheit aller Dinge: Schöpfung, Selbstwahrheit und die Wahrheit des Lebens
- Schöpfung im physischen Sinne und in Bezug auf alle Lebewesen, den Plan auf Erden, die Wachstumsentwicklung, Wechselwirkungen und Wechselbeziehungen
- kosmischer Fluss: Interaktionen/Beziehungen mit dem Kosmos als Teil der Einheit, der Geschichte, der Schöpfung, des Lebenszyklus
- der Sinn des Lebens: der Fluss des Lebens, der Kreislauf des Lebens und alles, worauf es ankommt
- die Familie: die Familie Gottes, die Familie der Einheit, die Familie der Lebewesen, das Herz des Lebens

»Dein Herz spricht die Sprache, die vermag, den ganzen Kosmos zu entschlüsseln.«

(Matthias Scheffler)

Der Aufstiegsprozess

Der Aufstiegsprozess ist eine Phase des Übergangs. Derzeit durchläuft die Menschheit einen Bewusstseinswandel, da immer mehr Seelen sich an ihre göttliche Verbindung im Inneren erinnern.

Der Aufstiegsprozess wird von Seelen vollzogen, die sich aus dem Bewusstsein der dreidimensionalen Dualität in das Bewusstsein der fünften und höherer Dimensionen der Einheit göttlicher Liebe und des Friedens bewegen. Durch diese Bewegung erkennt man den Ich-Aspekt des Selbst als Ursache der Trennung vom Göttlichen (auch Urquelle genannt). Jeder Mensch hat eine Seele, die ein Aspekt der monadischen Seelengruppe ist, also eine von zwölf. Da immer mehr Menschen ihr Bewusstsein und ihre Schwingungsrate erhöhen, beginnen wir, uns an unsere Seelengruppe und vergangene Leben zu erinnern und daran, dass wir unendliche Lichtwesen in physischen Körpern sind. Ein Teil unserer Aufstiegsreise ist es, unsere Seele und Seelengruppen zu heilen und eine tiefere Verbindung und Erinnerung an die Einheit des Göttlichen herzustellen. Aus diesem Grund beginnen jetzt Hunderttausende von Menschen, sich mit ihren Sternenwesen, Geistführern, Aufgestiegenen Meistern, Engeln und anderen hochentwickelten Wesenheiten zu verbinden. Sie fühlen sich berufen, mit Kristallen oder reinen Essenzen zu arbeiten, die ihnen helfen, sich spirituell zu öffnen. Hohe Energien aus liquidem Licht fließen derzeit auf den Planeten Erde. Dieser Strom ermöglicht denjenigen, die sich für ihr spirituelles Wachstum interessieren und diesen Weg gehen möchten, ein schnelles Wachstum in höhere Sphären.

Meditationen, Einstimmungen, die Arbeit mit Kristallen und das Lesen spiritueller Lehren ermöglichen es dir, den Aufstiegsprozess anzunehmen und Werkzeuge zu integrieren, die dabei helfen, diese Gelegenheit auf der Erde optimal mitzugestalten.

Aufstiegssymptome sind vielfältig und nicht immer klar einzugrenzen. Sie können Kopfschmerzen, Müdigkeit, Schwindel, Schlaflosigkeit und Grippe sowie Symptome im Emotionalen wie zum Beispiel Krisen des Selbstvertrauens oder kurzzeitige Stimmungsschwankungen sein. Der Aufstiegsprozess lässt sich nicht vermeiden. Alles bewegt sich in einem rasanten Tempo vorwärts. Das Ehren deiner selbst und deines Lichts ist in dieser Zeit von entscheidender Bedeutung, damit du dich in eine Existenz allumfassender Liebe, des Mitgefühls und der Annahme begeben kannst, die der Übergang zur fünfdimensionalen Realität ist.

Die zwölf heiligen Energien des Aufstiegs

Sie sind auch als die zwölf Geschenke der heiligen Energien, die uns zurück zu einem höheren Bewusstsein und zurück zur Einheit führen, bekannt. Sie wurden zur Erhaltung und Erhöhung der eigenen und der kollektiven Schwingung im Wandel gelehrt.

Dieses heilige Wissen wurde von dem Volk aus MU und später von den Inkapriestern geschützt. Die Inkas erhielten diese Informationen von der Tiahuanaco-Kultur, die die letzte Zivilisation war, die eine direkte Verbindung zu Lemuria und Atlantis hatte. Die Tiahuanaco bewahrten die DNA-Datensätze der Atlantis-Zivilisation und ihrer Zerstörung auf in der Hoffnung, dass wir eines Tages offen dafür sein würden, wieder ein höheres Bewusstsein zu erlangen. Die zwölf geheimen Energien enthalten die Informationen, die uns helfen, Entscheidungen über die Erhöhung unseres Schwingungsniveaus zu treffen, damit wir nicht den gleichen Fehler machen, den die Atlanter gemacht haben. Sie haben am Ende der atlantischen Epoche in einer Welt gelebt, in der man an Dualismus und Trennung geglaubt hat, mit niederen Entscheidungen ihre Schwingung verringert und eine Wahrnehmung geschaffen, die ihnen totale Verwirrung einbrachte.

Sie, genau wie wir heute, haben die wahre Natur des Lebens, den Zweck und ihre Beziehung zur Natur aus den Augen verloren.
Die zwölf heiligen Energien bringen Symbole und Codes zu uns und öffnen den Zugang zu den Schlüsselpositionen unseres Wesens, an denen die reine Energie der Schöpfung fließt.

Sie wurden für uns auch nach dem Untergang von Lemuria und Atlantis im Verborgenen gehütet und haben bis zu diesem Tag gewartet, an dem wir uns erinnern, dass das Leben reich und geheimnisvoll ist und in vielen Welten und Dimensionen zusammenkommt – auf den Tag, an dem wir uns erinnern, was die alten Priesterinnen und Weisen aus MU wussten, nämlich, dass die Form unserer sichtbaren Welt ihre Wurzeln in unsichtbaren Dimensionen hat. In diesen Dimensionen liegen die ursprünglichen Energien des Lebens.

Die Transformation oder das »Herunterladen« von Informationen erfolgt über die DNA. Auf diese Weise braucht es nicht mehrere Jahre, um die Lehren zu erfahren. Der Prozess kann in Sekundenschnelle durchgeführt werden. Wahre Transformation beginnt damit, die Blockaden und Überzeugungen zu beseitigen, die uns begrenzen, und ersetzt sie dann durch neue Informationen, die die alten Glaubenssätze aus dem Kollektiv löschen.

Sobald die neuen Informationen in den Zellen gespeichert sind, regenerieren sie die DNA und bringen die Energie der Fülle hinein. Fülle kommt von der Ebene des Herzens. Sie ist das Licht des Lebens selbst, das in seine eigene wahre Natur und seinen göttlichen Zweck erwacht und dich daran erinnert. Dieser Aktivierungs- und Energieprozess – das Beseitigen der DNA-Einschränkungen – ist eine Möglichkeit, ein höheres Wissen und eine höhere Lichtaufladung oder auch eine höhere Lichtkonzentration in sich selbst und im Kollektiv zu speichern. Ohne diese Einschränkungen wird uns klar, was wir erschaffen wollen und was nicht.

In diesem Prozess und dessen Gewahrsein verstehen wir, dass wir alle Elemente der Schöpfung und des einen reinen Lichts sind, das ständig in höhere Frequenzen geht. In unserem persönlichen Lichtmuster tragen wir auch Wissen um die höheren Frequenzen der Schöpfung und der reinen Liebe. Wenn wir lernen, unsere reine Essenz zu fühlen und uns mit ihr zu verbinden, und uns immer mehr befreien, geben uns diese Schritte Zugang zu allen höheren

Erfahrungen, die wir in unserer DNA gespeichert haben. Dies erlaubt es uns, klarere Entscheidungen zu treffen, und wir beginnen, das Leben zu erschaffen, das wir wirklich wollen.

Die Inkas und ihre Vorfahren bezeichneten diesen Prozess als Aufstiegsprozess. Durch den Aktivierungsprozess wirst du das Licht, das Glück und die Liebe, die du als Schöpfer des Lichts verdienst, empfangen können. Dieses Wissen stammt aus den Überlieferungen vom alten Volk aus Lemuria, die dazu dienen, die Schwingung für den Übergang bis zum heutigen Wandel zu erhalten. Es trägt die Essenz der zwölf Energien, der vollkommenen Heilung in allen Aspekten. Es beruht auf dem Recht aller Menschen und aller Schöpfungen in der Heiligen Geometrie, in diesem Zustand des Seins leben zu dürfen.

Es sind die heiligen Energien und Gefühle, die in zwölf Riten verwendet werden, um die ausgewogene Essenz der Menschheit zu schaffen. Sechs der Riten sind männlich und sechs weiblich. Das heilige Gleichgewicht dieser Riten erlaubt es uns, in unserem höchsten Bewusstsein der mächtigen Schöpfung zu sein.

Noch überzeugender ist die Evolution des Bewusstseins, die diese Lehren bieten und die dich letztendlich in das fünfte und höherdimensionale Bewusstsein und darüber hinaus führt. Das Universum entwickelt sich zur fünften und höheren Dimensionsfrequenz, die in den zurzeit noch vorherrschenden verzerrten Wahrnehmungen nicht gedeihen können.

Eine uralte Mythologie der Inkakultur erzählt von Wiracocha (auch Viracocha), der um die Kraft und das Wissen der zwölf Schritte wusste – und dass sie das Geheimnis des Lebens bergen. In Form eines heiligen geometrischen Symbols enthalten sie die Frequenz im Inneren, Gefühle, Werte und Konstanten, die durchdrungen vom Licht jede der alten heiligen Energien erklären. Die in den Anden lebenden Inkas und Prä-Inkas erbten diese Energiewerkzeuge von ihren Vorfahren, der atlantischen und der lemurischen Kultur. Diese Lehre überliefert ebenso eine energetische Sprache, die von den Meistern und ihren Vorfahren wohl geschützt wurde, indem sie die Informationen in ihrer DNA weitertrugen.

Diese Aufzeichnungen des Lichts wurden gespeichert und in die DNA der Wissenden übertragen, die das Licht hielten und noch heute halten. Laut Prophezeiung werden die Meister mit dem Wissen aus MU zu gegebener Zeit, also genau jetzt, diese Werkzeuge und Codes in die Welt bringen, um die »neuen Frauen und Männer im höheren Bewusstsein« zu schulen. Die zwölf Schritte des Aufstiegs enthalten auch die fünfdimensionalen Räume der Schöpfung: Bewusstsein, Unterbewusstsein, Seele, Geist und DNA. Das Wissen und die Weisheit, wie wir diese Informationen nutzen können, erlauben es uns, unsere eigenen begrenzten Überzeugungen und Blockaden zu beseitigen, die wir in unserem Energieraum seit den ersten Inkarnationen gespeichert haben.

In höheren Schwingungsebenen erreichen wir dann unser höchstes Ziel, wenn wir lernen, unsere fünfdimensionalen Räume der Schöpfung in der Gegenwart auszubalancieren. Auch wenn der Prozess einige Anstrengungen mit sich bringt, ist es dennoch ein Geschenk von höchster Quelle, dieses Wissen jetzt zur Verfügung zu haben.

Die Verbindung zu deinen Vorfahren gibt dir die Möglichkeit, dich daran zu erinnern, wie man die Lehren aus MU entschlüsselt. Sie hilft dir dabei, die DNA-Einschränkungen zu beseitigen und die DNA in ihrer ursprünglichen Blaupause zu aktivieren.

Erste Energie: Die heilige Energie der bedingungslosen Liebe

Liebe ist die Quelle der ganzen Schöpfung. Sie ist das Bewusstsein, das tatsächlich das geschaffene Universum, die Dimensionen und Welten bildet, in denen wir leben. Wenn du dich in einem Zustand bedingungsloser Liebe befindest, hältst du dich in einer höheren Bewusstseinsebene auf. Nur Emotionen mit höherer Schwingung wie Liebe, Hoffnung, Freude und Kraft können existieren, wenn du die heilige Energie der bedingungslosen Liebe angenommen hast. Liebe ist ein Element der reinen Kraft.

Alles basiert auf der Grundlage der Liebe. Menschen, Tiere und Pflanzen sowie alle Arten von Schöpfungen werden aus Atomen, DNA, Elementen des Bewussten und Unterbewussten erschaffen. Die Höhere Schöpfung schuf alle Formen des Lebens, die eine höhere Frequenz und die Energie der Liebe aufweisen. Liebe wird auf Gefühle übertragen, und Gefühle unterstützen das Leben in einer Schöpfung. Wenn eine Schöpfung aufhört zu fühlen, stirbt sie.

Beispiel: Mir wurde immer beigebracht, die Liebe zu fördern. Wir wissen, dass wir alle Fehler machen, aber manchmal, wenn wir Fehler machen, wollen wir uns selbst bestrafen oder verurteilen. Das ist keine Liebe. Liebe bedeutet, sich selbst eine weitere Chance zu geben, wenn man einen Fehler macht. Wenn du dir erlaubst, Liebe zu fühlen und die Erfahrung zu spüren, kann das der Beginn von etwas Neuem und Besserem sein.

Zweite Energie: Die heilige Energie der Integrität und des Vertrauens

Integrität ist die Energie, die es dir erlaubt, in deiner Macht zu stehen und unbegrenzte Möglichkeiten in die Schöpfung zu bringen. Diese Energie der Integrität wird es dir ermöglichen, dich an deine ursprüngliche, reine Schöpfung zu erinnern. Diese Energie ist für niemand anderen als dich bestimmt und versetzt dich in die Lage, echte Wahrheiten in Bezug auf deinen eigenen Selbstwert zu verstehen.

Du darfst immer auf dich selbst vertrauen, wenn du schöpfst. Es ist die Energie des Vertrauens, die es dir erlaubt, zu wissen, dass du Teil einer höheren Schöpfung bist. Es ist das, was dir erlaubt, dein Selbstvertrauen aufzubauen. Vertrauen ist unerlässlich, wenn es darum geht, Verbindungen herzustellen.

Beispiel: Wenn du am Morgen aufwachst, nutzt du die Energie des Vertrauens, um deinen Tag zu planen. Sie gibt dir die Richtung, die du brauchst, um ein größerer Schöpfer zu sein.

Dritte Energie: Die heilige Energie der Kraft des Seins und der Verbindung

Die Energie der Kraft des Seins wird es dir ermöglichen, dich an deine eigene Energiequelle zu erinnern. Jeder Mensch ist einzigartig und wurde mit seiner eigenen Energiequelle geschaffen. Durch unsere Einzigartigkeit halten wir einen Raum für andere in unseren Gemeinschaften, um eine vollkommene und mächtige Gemeinschaft höheren Bewusstseins entstehen zu lassen. Wenn du das tust, wird jeder in diesen Gemeinschaften von dir Liebe, Geborgenheit, Freundlichkeit und viele weitere höhere Energien spüren, um eine schöne, geborgene Welt für die Vergangenheit, Gegenwart und Zukunft zu schaffen.

Diese Welt kommt nach den Elementen des Vertrauens und der Liebe. Die Meister aus MU wissen, dass es als Grundlage einen Austausch von Energie geben sollte. Die Energie des Gebens und Empfangens. Die Energie der Verbindung ist der Kanal zwischen der Energie des Gebens und der des Empfangens.

Beispiel: Wenn eine Mutter ihre Tochter kontrolliert, weil sie denkt, dass sie alles wüsste, entspricht das nicht der Energie des Gebens. Die Tochter wird das Leben nicht vollständig erleben, weil ihr beigebracht wird, die Welt aus der Sicht ihrer Mutter zu sehen. Sie wird nicht lernen, Informationen zu erhalten, weil sie konditioniert wurde. Bringe deinen Kindern bei, die Welt zu spüren. Dies ist der beste Weg, um zu lehren, zu schützen und ihnen zu helfen, ihre Richtung zu finden.

Vierte Energie: Die heilige Energie der Annahme und Anerkennung

Annahme ist die Energie, die es dir erlaubt, entsprechend deinem höchsten Bewusstsein du selbst zu sein. Durch die Annahme wirst du in der Lage sein, dich selbst zu mögen, was einen Weg zum Universum und zum himmlischen Vater öffnet, damit du das, was du dir wünschst, manifestieren kannst.

Anerkennung ist der Weg, um anderen gegenüber deine Wertschätzung auszudrücken. Du siehst andere in ihrem Licht, und sie sehen dich in deinem Licht. Es gibt keine Erwartungen, sondern nur Schöpfung. Schätze alles so, wie es ist. Es gibt nichts zu beweisen.

Beispiel: Wenn ein Vater anerkennt, dass seine Kinder das größte Geschenk sind, das ihm gemacht wurde, werden seine Kinder in einer Welt mit unbegrenzten Möglichkeiten aufwachsen. Sie werden ihr Licht sehen, und das Licht wird mehr Licht erzeugen.

Fünfte Energie: Die heilige Energie der Schöpfung

Durch die Annahme der vorangegangenen Energien kannst du in ein höheres Bewusstsein aufsteigen, und das Universum wird sich ausrichten, um die Schöpfungen zu unterstützen, die du zu manifestieren suchst. Mit den Energien, die es dir ermöglichen, eine höhere Schwingung zu erreichen, und der Ausrichtung des Universums auf das höchste Gut wird die Manifestation deiner größten Freuden möglich.

Das Leben ist voller Möglichkeiten. Manchmal teilen wir unsere Talente, unser Geld und unsere Gefühle ohne einen fairen Austausch, und es entsteht dabei ein Ungleichgewicht der Verhältnisse. Es ist wichtig, zu wissen, dass du auf dieser Ebene von deinen früheren Überzeugungen und Erfahrungen heilst. Im balancierten Austausch wird sich die Energie der Produktivität auf dich zurücklenken, um von deiner Schöpfung zu profitieren. Dabei verstehen alle Beteiligten, dass sie die Macht haben, einen fairen Austausch für ihre Dienste, Waren und Kreationen zu erhalten.

Beispiel: Ich möchte in der Lage sein, Liebe für mich selbst und andere zu schenken und diese Liebe zurückzubekommen.

Sechste Energie: Die heilige Energie der reinen Kraft und des Bewusstseins

Die Energie der reinen Kraft bringt dir die Kraft der Schöpfung, wie sie in unserem physischen Körper geschaffen werden sollte. Diese Energie wird es dir ermöglichen, die bestmöglichen Entscheidungen zu treffen, die im Sinne deines größten Bewusstseins möglich sind, und wird dich unterstützen, das Beste für das höchste Bewusstsein zu tun.

Du lernst dich selbst über deine eigene Schöpfung kennen. Das Bewusstsein für Entscheidungen wird dir das Gleichgewicht bringen, um Fülle zu schaffen. Denke daran, dass du das Ergebnis deiner Entscheidungen bist.

Beispiel: Wenn das Selbstwertgefühl einer Person auf den Wahrnehmungen anderer basiert, verliert sie sich dabei, z. B. wenn eine schöne Frau ihren Wert über ihr Aussehen definiert, weil sie dafür Aufmerksamkeit bekommt. Ihre Überzeugungen basieren auf der Meinung anderer und nicht darauf, wie sie über sich selbst denkt. Dies ist eine Schöpfung mit Einschränkungen, die eine dreidimensionale Welt ist und nicht in der Frequenz der Fülle schwingt.

Siebte Energie: Die heilige Energie der Richtung und Passion

Diese Energie wird es dir ermöglichen, zu sehen, wo du in der Vergangenheit warst, wo du in der Gegenwart bist und wohin du in der Zukunft reisen wirst. Mit den Zielen dessen, was du gegenwärtig manifestieren möchtest, wirst du in die Zukunft gehen, wobei diese Manifestation Realität wird. Um weiterhin eine höhere Schwingung zu erreichen, darfst du die Blockaden und die begrenzenden Überzeugungen von dir selbst und deinen Vorfahren lösen, während du kraftvoll in die Zukunft gehst.

Die Energie der Passion für das Leben erlaubt es dir, das zu akzeptieren, was du willst. Das ständige Erneuern dessen, was du willst, hält den Wunsch und die Passion am Leben.

Beispiel: Passion für das Leben ist das brennende Gefühl, das du in deinem Herzen hast, wenn du ein neues Projekt oder eine neue Beziehung beginnst. Du hast den Wunsch oder die Absicht, es oder sie wachsen zu lassen. Die Energie der Passion für das Leben ergänzt die Energie des Vertrauens.

Achte Energie: Die heilige Energie des Schutzes

Die Energie des Schutzes wird dich vor Verunreinigungen von außen durch Quellen geringerer Schwingung schützen, indem sie jeden für seine Handlungen verantwortlich macht. Die Energie des Schutzes ist notwendig, damit du den Weg deines einzigen Zwecks, deiner wahren Bestimmung ohne Irreführung fortsetzen kannst.

Die Energie des Schutzes manifestiert sich, wenn du dir deiner persönlichen Grenzen bewusst bist. Dann wirst du eine Grundlage schaffen, um das Beste für dein höchstes Gut zu sammeln.

Beispiel: Wenn du deinen Gefühlen folgst, werden sie dir die Richtung dafür geben, wie du deine Grenzen setzt. Wenn du dem Wunsch deines Herzens folgst, in einer kraftvollen Beziehung zu sein, musst du vielleicht einige Veränderungen in deinem Leben vornehmen, um diese Person zu finden. Wenn du diese Änderungen vornimmst, setzt du deine neuen Grenzen und erschaffst somit die neue Frequenz für die Person, nach der du gesucht hast.

Neunte Energie: Die heilige Energie der Hoffnung

Diese Gabe erlaubt es der Energie der Schöpfung, deine Wünsche gemäß deinem Seelenzweck zu manifestieren. Die Energie der Hoffnung wird Grenzen und Leitlinien setzen, um sicherzustellen, dass der Weg deiner Seelenabsicht erreichbar und frei von Blockaden ist, wenn die Zeit dafür gekommen ist. Ohne Hoffnung wird es keine Struktur für den Weg deiner Seelenabsicht geben.

Es ist die Fähigkeit, zu werden, was man sein will. Wenn du Liebe ausdrücken willst, wirst du zur Energie der Liebe werden. Wenn du glücklich bist, kannst du zu den »unbegrenzten Möglichkeiten« dessen werden, was du erschaffen willst.

Beispiel: Wenn du die Energie der Selbstverurteilung überwinden willst, sagst du: »Ich bin die Energie der bedingungslosen Liebe.« Wiederhole dies ständig, um dem Universum und dir als schöpfendem Element deinen Wunsch mitzuteilen. Schließlich wirst du diese Energie in deiner Schöpfung empfangen.

Zehnte Energie: Die heilige Energie des menschlichen Wertes

Dieser Aspekt wird das Wissen über Informationen in das Wissen über das Verstehen verwandeln und lehren, was es bedeutet, Mensch zu sein. Die Energie des menschlichen Wertes bringt das Verständnis für die Bedeutung von Körper, Geist und Seele ans Licht.

Auch in höheren Frequenzen bist du verantwortlich für das, was du in deinem Herzen erschaffen willst und erschaffst. Du erschaffst mitunter auch Schmerz oder Leid, doch schlussendlich ist all dies stets eine Erfahrung und ein Ausdruck des Lichts. Du erschaffst immer Licht.

Beispiel: Du kannst diese Energie einfach so erschaffen, indem du dich selbst ermächtigst: »Meine Energie der Verantwortung erlaubt es mir, das zu erschaffen, was ich will. Es ist mein höchstes Gut und das höchste Gut aller, in jedem Bereich meines Lebens erfüllt zu sein.«

Elfte Energie: Die heilige Energie des Überflusses und Glücks

Dieser Segen ist ein Zustand von Herz und Verstand. Wenn du das Gleichgewicht zwischen Geist und Herz aufrechterhältst, dann wird Fülle in deinem Leben geschaffen. Dies ist der Zustand des Glücks und das Leben, das du manifestiert hast. Wahre Fülle spiegelt sich nicht in den Idealen der Gesellschaft wider und ist von Person zu Person unterschiedlich.

Glück hilft dir, alle Werkzeuge der Energie der Liebe, des Vertrauens, der Verbindung, der Anerkennung, des Schutzes und des Bewusstseins zu integrieren. Es ist die Energie der Möglichkeiten. Die Weisen aus Lemuria und später auch ihre Nachfahren nannten diese Energie den »Aktivator«, weil du dich selbst und dein intuitives Wissen aktivierst. Glück bringt das perfekte Gleichgewicht zwischen weiblichen und männlichen Energien, sodass scheinbar unmögliche und magische Dinge passieren können.

Das ist die Macht der Wahl. Lasst uns gemeinsam eine Zukunft des Überflusses in die Welt bringen!

Beispiel: Wenn du in der Energie des Glücks bist, denkst du an die Dinge, die du willst. Du kannst diese Gedanken in eine Möglichkeit und schließlich in eine Manifestation bringen. Es ist eine sehr hohe Frequenz von Absichten.

Zwölfte Energie: Die heilige Energie des Seins und des Fortschritts in der Gegenwart

Dieses Geschenk wird dir helfen, Verträge, die du in der Vergangenheit geschlossen hast, zu erfüllen und jene abzuschließen, die noch nicht abgeschlossen sind. Dies ist notwendig, damit du in der Gegenwart die Zukunft erschaffen kannst, die dir hilft, die höchste Schwingung zu erreichen. Indem wir höhere Entscheidungen treffen, werden wir zu Mitgestaltern der nächsten Ära.

Die Energie des Seins im gegenwärtigen Moment ist ein sehr starkes Gefühl. Du kannst nicht in der Vergangenheit oder Zukunft sein, nur in der Gegenwart. Du kannst alles schaffen, was du in der Gegenwart willst, das gilt besonders für die Energie der Verantwortung und Produktivität. Die Energie der Gegenwart oder Selbstwahrheit wird sich in Form von Fülle auf jeder Ebene deines Lebens manifestieren.

Beispiel: Wenn sich jemand auf die Vergangenheit konzentriert, kann dies eine gegenwärtige Beziehung stören. Es ist wichtig, die vergangene Beziehung loszulassen. So kannst du die neue Beziehung in der Gegenwart pflegen.

Unsere Aussicht im gegenwärtigen Aufstiegsprozess

In Lemuria waren die zwölf heiligen Energien gelebte Weisheit. Es war keine Anstrengung nötig, um sie zu leben, sie prägten das natürliche Zusammensein und das damalige Bewusstsein, das gelebt wurde. Die Weisen von MU wussten um die wellenartige Ausdehnung der neuen Frequenzen im ganzen Universum. Dieses Wissen wurde erst viel später aufgezeichnet und weitergegeben, da man erkannte, dass die damalige Bewusstseinsstufe nach dem Fall nur so wieder erreicht werden würde. Diese Zeit ist nun gekommen, und das damalige Wissen entspricht immer mehr den Werten unserer aktuellen Epoche im Goldenen Zeitalter. Diese Einstellungen und Werte sind bereits spürbar, meist noch unbewusst und nicht vollkommen integriert, doch ganz klar in unserem kollektiven Feld verankert. In diesen Zeiten des Wandels geht es darum, das bereits gelebte Wissen wiederzuerlangen, zu stabilisieren und sich daran mit jeder Faser unseres Seins zu erinnern. Ein wichtiger Aspekt ist jedoch, das Wissen weiterzuentwickeln und neue Stufen des Bewusstseins zu etablieren. Es geht nicht darum, das alte Wissen genauso wieder zu leben, sondern darum, es neu zu interpretieren und zu gestalten. Das ist der wahre Aufstiegsprozess. Das Bewährte mit den neuen Frequenzen anzureichern, um daraus das neue Wir zu kreieren.

»Erlaube dir, das Licht zu sein,
das du schon immer warst.«

(Matthias Scheffler)

Rückverbindung mit den Sternenwesen

Immer mehr Menschen erinnern sich jetzt an ihre Verbindung zu den Sternenrassen und Sternenwesen ihres Ursprungs. Die meisten von uns haben viele Inkarnationen auf dem Planeten Erde erlebt und viel Zeit damit verbracht, von anderen Hochkulturen zu lernen, die in den höherdimensionalen Reichen der Sternkonstellationen der Plejaden, Orion, Sirius, Arkturus, Andromeda und anderen existieren, sowie mit lichtvollen planetarischen und intergalaktischen Wesen zu kommunizieren und sich auszutauschen.

Viele der alten indigenen Völker der Erde waren sich ihrer Abstammung von den Sternenwesen vollkommen bewusst, und da wir unsere eigene Schwingungsfrequenz immer mehr erhöhen, sind wir in der Lage, uns wieder mit ihrer Intelligenz und Güte zu verbinden. Viele von uns wurden in der Zeit von MU durch ein Sternentor geboren, und so konnten wir von Geburt an mit jeder interstellaren Energieform kommunizieren, einschließlich zwölfdimensionaler galaktischer Wesen. Jede Sternenrasse hat ihren eigenen Aufgabenbereich und bietet an, den Menschen gerade jetzt bei ihrem Aufstiegsprozess mit all ihren Möglichkeiten zu helfen.

MEDITATION:

Lemurian-Kristall-Meditation in der Pyramide – Integration des kristallinen Lichtkörpers

Einleitung

Suche dir einen ruhigen Ort, an dem du dich wohlfühlst und nicht gestört wirst. Schalte alle störenden Quellen ab – Mobiltelefon, Tablet, Türklingel. Dieser Ort kann in deinem Haus oder auch in der Natur sein. Im Wald, an einem Bach oder einem Ort deiner Wahl, der sich für dich vollkommen richtig anfühlt. Wähle einen sonnengeschützten Platz, da diese Übung dein ganzes Energiesystem verstärkt und deine Wahrnehmung stark erweitert.

Wenn es dir hilft, leichter abzuschalten, kannst du eine leise angenehme Musik laufen lassen. Auch kann dich ein schönes Bild, das du fokussierst, einfacher in einen ruhigen und gleichmäßigen Gemütszustand versetzen. Es geht darum, deinen Verstand zu beruhigen, um die höheren Frequenzen, die einströmen, besser fließen zu lassen. Du kannst entweder auf dem Boden sitzen oder eine aufrechte Haltung auf einem Stuhl einnehmen. Beide Füße stehen fest auf dem Boden. Ziehe gern deine Schuhe aus, wenn es dir möglich ist. Es gibt kein Richtig oder Falsch, tue alles so, wie es sich für dich gut anfühlt, und so, wie du am bequemsten sitzen kannst. Falls deine Kleidung dich einengt oder dein Gürtel etwas zu fest sitzt, lockere sie bzw. ihn. Mache es dir für diese Übung so bequem wie möglich, ohne dass du dabei gleich einschläfst.

Der Kristall

Nimm deinen Lieblingskristall oder einen Kristall, der dich gerade am meisten anspricht oder mit dem du in diesem Moment gern in Verbindung treten möchtest, in die linke Hand oder, wenn es für dich angenehmer ist, in beide Hände. Schaue in Richtung Norden, und richte dich entsprechend aus.

Erster Schritt

Schließe deine Augen. Atme dreimal in Folge kurz durch die Nase ein, und fülle deine Lungen. Halte jeden Atemzug, und zähle in Gedanken bis drei. Atme dann entspannt durch den Mund in weiteren drei Zügen aus, bis sich deine Lungen vollkommen entleert haben. Wiederhole dies zwei weitere Male, und entspanne dabei.

Zweiter Schritt

Zähle rückwärts von zwölf bis eins. Beim Zählen stellt sich ein gleichmäßiger, natürlicher und ruhiger Atemrhythmus ein. Bitte deine innere Uhr mental, dich in 15 Minuten in dein volles Bewusstsein zurückzuholen. Es ist immer wieder erstaunlich, wie präzise und genau unsere innere Uhr funktioniert.

Dritter Schritt

Deine Augen sind weiterhin geschlossen, und du wählst eine Farbe, die gerade jetzt in diesem Moment emotional am besten für dich passt. Die erste Farbe, die erscheint, ist meist die richtige.

Vierter Schritt

Im Geist stellst du dir eine vierseitige Pyramide vor, die du um dich aufbaust und in der du entspannt mit deinem Kristall sitzt. Der Mittelpunkt befindet sich ungefähr 30 Zentimeter über deinem Kopf. Stelle dir vor, wie sich die Seitenwände der Pyramide aus dem Zentrum über deinem Kopf langsam in Richtung Boden ausbreiten. Die hinteren beiden Eckpunkte richten sich hinter dir aus, und die beiden vorderen Eckpunkte enden vor dir, neben deinen Füßen. Fülle nun diese kristalline Struktur mit der von dir ausgewählten Farbe. Zuerst die Wände und dann den kompletten Körper der vierseitigen Pyramide.

Fünfter Schritt

Sitze in dieser Umgebung und Anordnung, und gehe mental in den Fluss mit den neuen Energien. Überprüfe deinen Körper, und entspanne alle Muskeln, sodass du vollkommen in das Feld deiner Farbe eintauchen kannst. Überall dorthin, wo du noch Unbehagen oder Spannungen verspürst, lenke einfach mental die Farbe. Erlaube allen Gedanken, die kommen, frei zu fließen. Es ist möglich, dass deine Gedanken abschweifen. In diesem Fall fokussiere dich wieder auf deine gewählte Farbe, und nach einer Weile wird sich ein verändertes und erweitertes Bewusstsein einstellen. In manchen Fällen benötigt es etwas Übung, mehrere Sitzungen, um zum gewünschten Zustand zu gelangen.

Sechster Schritt

Wenn deine innere Uhr sich meldet und sagt, dass deine 15 Minuten nun vergangen sind, zähle rückwärts von zwölf bis eins. Öffne deine Augen, und spüre deinen Körper und deinen Kristall.

Siebter Schritt

Lösche nun im Geist die Pyramidenstruktur auf, und bedanke dich für diese Erfahrung.

Zusammenfassung

Die erschaffene Pyramidenstruktur ist der Raum, in dem sich die Energie deines Kristalls bündelt und auch jedes Gedankenkonstrukt, das in deinem Kopf und Denken entsteht. Generell empfiehlt es sich, diese Übung jeden Tag zur selben Zeit über eine Woche hinweg oder länger auszuüben. Es hilft außerdem, den Verstand zu lehren, Gedankenformen außerhalb des Körper zu projizieren, damit sie nicht den Schichten des feinstofflichen Körpers anhaften (Ätherkörper, Emotionalkörper, Mentalkörper, Astralkörper etc.).

Anmerkung

Du kannst diese Übung noch erweitern und auf eine neue Ebene bringen, indem du mit anderen Kristallen, auch gern mit zwei verschiedenen Kristallen jeweils in der linken und rechten Hand, meditierst. Ebenfalls ist das Farbspektrum, in dem du dich aufhältst, ein wichtiger Aspekt bei dieser Übung. So kombiniere zum Beispiel die Farben Pink oder Rosa in deinem Herzfeld mit einem Gold in der restlichen Struktur.

Was hast du wahrgenommen? Wohin ist dein Bewusstsein gereist? Welche Symbole oder Codes hast du gesehen? Gab es ein Wort oder eine Botschaft, die du aus der Übung mitgenommen hast?

MEDITATION:

Lemurian-Kristall-Meditation in der erweiterten Pyramidenstruktur – Integration des kristallinen Lichtkörpers

Einleitung

Diese zweite Übung soll dich noch enger an deinen kristallinen Körper anbinden, sozusagen ein Annähern und die schrittweise Integration des kristallinen Lichtkörpers bewirken. Sollte bei dieser Übung ein Unwohlsein auftauchen, stoppe einfach die Übung, und praktiziere vorerst weiterhin die erste Übung.

Erster Schritt

Folge der Anleitung aus der ersten Meditation, und setze dich mit dem Kristall in deiner Hand an einen dir behaglichen Ort. Entspanne deinen Körper und deinen Geist mit derselben Atemtechnik. Setze deine innere Uhr auf 15 Minuten.

Zweiter Schritt

Erschaffe im Geist dieselbe Pyramidenstruktur wie zuvor, jedoch fokussiere nun ein tief durchdringendes Blau. Sieh, wie dieses blaue Licht vom Boden der Pyramide aufsteigt, und fühle, wie es sich langsam über deinen Kopf bis in die Spitze der Pyramide ausdehnt und die komplette Struktur durchdringt. Der Innenraum der Pyramide ist warmes, beruhigendes blaues Licht. Mit dem aufgerichteten Kristall (Spitze nach oben) in deiner Hand generiert sich ein Schwingungsfeld der Erde, das von deinen Füßen in den Kristall fließt.

Dritter Schritt

Beginne, dein Bewusstsein immer mehr auf den Kristall zu fokussieren. Fühle die Textur, die Form und die Temperatur des Kristalls. Erlaube dem Kristall, vor deinem inneren Auge immer weiter zu wachsen, bis er groß genug ist, um deinen physischen Körper in sich aufzunehmen. Suche dir einen Eingang am Boden, an einer der Seiten oder an einem der Facettenpunkte. Sieh, wie dein Körper durch diese Öffnung langsam in den Kristall projiziert wird, und spüre schließlich, wie er durch ein sanftes Ziehen in Richtung des Kristalls geht.

Vierter Schritt

Sieh dein physisches Selbst, deinen Körper, inmitten des Kristalls schweben. Sieh dich in diesem weißen, klaren Innenraum. Werde zu dem Kristall, indem du ihn durch und durch siehst, spürst, ertastest – du wirst aller Empfindungen gewahr. Du bist nun der Kristall.

Fünfter Schritt

Wenn die 15 Minuten um sind, kreiere eine Öffnung an der Seite, die der, durch die du eingetreten bist, gegenüberliegt. Sieh deinen Körper langsam durch diese Öffnung gehen. Erneut nimmst du ein leichtes Ziehen in diese Richtung wahr, und du wirst dir deines physischen Körpers wieder bewusst. Du siehst, wie der Kristall wieder kleiner und kleiner wird und schließlich seinen Platz in deiner Hand einnimmt. Werde dir der blauen Pyramide des Lichts, in der du dich befindest, wieder bewusst. Zähle langsam rückwarts von zwölf bis eins. Öffne deine Augen, und spüre deinen Körper und deinen Kristall.

Sechster Schritt

Löse nun im Geist die Pyramidenstruktur auf, und bedanke dich für diese Erfahrung.

Zusammenfassung

Diese Übung dient dazu, sich mit seinem kristallinen Körper anzufreunden. Dieser kristalline Körper, oder auch Lichtkörper genannt, ist das Gefäß, durch das wir wieder eine volle Anbindung an die höheren Ebenen und Dimensionen erlangen. Ebenfalls werden die körperlichen Aufstiegssymptome gelindert und die Integration von höheren Frequenzen besser vom physischen Körper angenommen.

Anmerkung

Bleibe am Anfang nicht mehr als 15 Minuten in diesem meditativen Zustand. Später, wenn du dich an ihn gewöhnt hast, kannst du die Zeit auch gern weiter ausdehnen. Lasse dich nicht entmutigen, wenn du bei den ersten Übungen keine nennenswerten Empfindungen im Kristall oder in der Pyramidenstruktur erfährst. Wenn die Energie in der Pyramide einmal zu hoch wird, kannst du die Spitze des Kristalls einfach mit deinem Daumen abdecken, um den Energiefluss zu unterbrechen. Dies unterbricht ebenfalls die Übertragung und lässt dich behutsam aus der meditativen Haltung zurückkommen.

Was hast du wahrgenommen? Wohin ist dein Bewusstsein gereist? Welche Symbole oder Codes hast du gesehen? Gab es ein Wort oder eine Botschaft, die du aus der Übung mitgenommen hast?

Botschaft aus Lemuria – Deine Augen haben das Licht gesehen

»Alte Geheimnisse aus längst verloren geglaubten Zeiten werden jetzt in diesen Tagen in uns, in dir, enthüllt. Deine Augen haben das Licht gesehen. Deine liebevollen Augen haben das Paradies erblickt. Dein Wesen hat das alles schon einmal gesehen und erinnert sich gerade jetzt in diesem Moment an das wundervolle Land, das wir Lemuria nannten. In Lemuria gab es keine Verschwendung, keine Krankheit, keine Gewalt innerhalb der Familie, keinen Missbrauch, keine Drogen und keine Armut. Die Bedürfnisse aller wurden von ganz jung bis in das höchste bekannte Alter ganz und gar erfüllt. Erwachte Lehrer, bekannt als die Weisen von MU, hatten die heiligen Geheimnisse der Schöpfung und des Universums gemeistert. Sie lehrten die angesehenen und respektierten Ältesten des Volkes, diese lehrten die Eltern, und diese wiederum lehrten ihre Kinder. Sie gaben alles, was sie wussten, an die nächsten Generationen weiter. Ohne Limitierungen und ohne versteckte Botschaften. Rein und aus der höchsten Integrität zu allem, was ist, wurde es jeweils in das offene Wesen geleitet, um die heiligen Wege des Einsseins zu lehren.

Die Lehren waren damals wie heute erlernbar und einfach, da sie ausnahmslos in einer richtigen Beziehung zum Göttlichen, zur Erde und zu ihren eigenen Herzen standen. Sie lehrten einen Zustand der Grenzenlosigkeit des Friedens und der Freiheit im Einklang und der Einheit mit allen Dingen.

Auf diese Weise waren wir auf natürliche Weise mit dem Himmel und der Erde und allem dazwischen verbunden. Wir waren eins, und es gab keine Trennlinie zwischen zwei Menschen und auch keine Trennlinie zwischen Mensch und Geist. Das war der Weg der

Liebe, der Weg der Einheit des Volkes von MU, das keine Trennung kannte und keine Trennung sah.

Wir wussten, dass nichts unmöglich war, als du mit strahlender Harmonie und dem Kosmos verbunden warst. Wir lebten das heilige Protokoll und die heiligen Regeln in der rechten Beziehung, die wir so sehr liebten. Wir hatten Kraft, große heilige Macht. Eine Macht, die all unsere Bedürfnisse anzuziehen vermochte. Eine Macht, die die Elemente zu beherrschen wusste, und so lebten wir die Macht der Liebe füreinander, der Familie, der innigen Verbundenheit mit unseren Schwestern und Brüdern und allen Wesen. Wir waren und sind alle göttliche, wundervolle Lichtträger, Hüter des heiligen Feuers, ein altes Volk des Friedens vom Anfang der Zeit an.

Deine Augen haben das Licht gesehen.

Wir wussten, dass das, was oben ist, auch das ist, was unten ist: der Himmel, der sich auf Erden durch das Göttliche manifestiert. Wir wussten, dass wir alle für immer unter dem Schutz unserer Vorfahren im Kosmos geboren werden. Für immer verbunden mit dem Göttlichen. Wir bildeten die heilige Schale des Lichts auf Erden in Lemuria, die heilige Kraft, die bis zum heutigen Tage in deinem schönen Herzen wohnt.

In vollkommener Balance und vollkommener Harmonie wussten wir um die spirituelle Entwicklung des Höchsten in einem jeden und in uns. Wir wussten um den Sitz des Geistes oder der Seele und darum, wie wir alles in geistiger Integrität erhalten konnten.

Kind aus AN, aus MU, aus Lemuria zu sein, bedeutet, nicht nur einer Rasse von kosmischen Menschen auf Erden anzugehören, es

geht um den spirituellen Adel der Seele, das lebendige Erbe der Liebe und die schöpferische Kraft der Manifestation, die die Vorfahren aus dem Universum uns geschenkt und uns zur Aufrechterhaltung überlassen haben. Es geht um einen Herzenszustand, einen Geisteszustand, einen Bewusstseinszustand des Guten, einen Zustand in der Einheit. Wir halten diese Gabe aufrecht, indem wir verstehen, nachdenken und in Liebe handeln und sind. Es heißt, auf den Spuren unserer Vorfahren wandeln und in Übereinstimmung mit dem Göttlichen in die harmonische Beziehung zu allen Lebensformen zu gehen.

Die ganze Menschheit kann heute von diesen alten und immer noch gültigen kulturellen Werten des spirituellen Adels, den du in dir trägst – einer Art, zu sehen, einer Art, zu sein, dem heiligen Weg im Geist der reinen Liebe –, lernen und großen Nutzen daraus und für den anstehenden Wandel ziehen.

Wir wussten, dass das Ziel des Lebens darin bestand, alle Heiligen und die Heiligkeit in allen Dingen zu ehren, den Berg des Lebens hinaufzusteigen, um deine heilige Kraft, deine Liebe, deine heilige Schale des Lichts zu schützen, für immer und ewig.

Beschütze und kümmere dich um die Einheit, die Harmonie, die Liebe zu deinen Gedanken, deine Art, wahrhaftig mit dem Herzen zu sehen, die Dualität zu erkennen, um nur die Einheit zu sehen. Jeder Gedanke, jedes Gefühl, jede Wahrnehmung, jedes gesprochene Wort und jede ausgeführte Handlung durchdringt das Universum. Es wird nie vergessen und nie übersehen. Das Universum ist in seinem Anziehungsgesetz immer schwingungstechnisch anspruchsvoll und eine stetige Konstante. Die Gedankenschwingungen werden in deiner heiligen Lichtschale getragen. So sei sehr bedacht auf die Dinge, die durch deine heilige Lichtschale fließen.

Es gibt nur zwei Arten von Gedanken, liebevolle und nicht liebevolle. Sie können nie denselben Raum einnehmen. Es gibt nur zwei Geisteszustände, den inneren Konfliktzustand und den erwachten Einheitszustand. Liebevolle Gedanken, die du mit dem Herzen siehst, sind lebensverbessernd, strahlend und erhebend. Dies sind Schwingungen, die auf die Natur der Liebe, die Natur des Göttlichen ausgerichtet sind. Bedingungslose Liebe vereint in ihrer tiefsten Bedeutung alles in sich. Alles ist am heiligen Atem, dem Atem der Schöpfung, am Höchsten ausgerichtet. Daran, in der Liebe, in der göttlichen Gegenwart, im göttlichen gegenwärtigen Moment, in der heiligen Beziehung mit allem in der Einheit zu sein. Das ist das Verweilen in der bedingungslosen Liebe und das gelebte Sein im gegenwärtigen Moment, in dem sich das ganze Wesen im Licht stehend vollkommen erkennt.

Lemuria, das Paradies erwacht in dir. Lemuria sieht dich, und du siehst Lemuria.

In dankbarer Liebe und tiefster Anerkennung.
Der lichte Rat von MU«

Botschaft aus Lemuria – Ich sehe deine wahren Farben leuchten

»Du hast es gesehen, und wir alle haben es wahrgenommen. Du hast das alles schon einmal erfahren und schon so oft gespürt. Es war so intensiv, so vollkommen, so stimmig, so klar.

Deine wahrhaftige Vielfalt, deine wunderschönen Farben. Sie sind lebendig.

Das wundervolle Zusammenspiel in der Einheit. Das Spektrum der Ewigkeit. Die Farben jenseits der Sichtweisen der heutigen Welt.

Deine Erinnerungen an diese Einheit in der Ewigkeit sind präsenter denn je, gerade jetzt in diesen Stunden. LEMURIA kommt dir näher und näher, und doch ist es schon immer dagewesen. Dein Herz weiß bereits allumfassend, was gerade zu dir spricht. Eine Sehnsucht, die verstehen möchte und nicht das Sehen sucht, sondern das Gefühl tief in dir spürt, das gerade wiedererwacht.

Lehne dich einfach einmal zurück, und schaue dich um. Lehne dich an deine schon so oft gedachten Gedanken an das Paradies. Es ist wundervoll, rein und durchdrungen von bedingungsloser endloser Liebe. Du erinnerst dich an diese Vollkommenheit, deine Fantasie ist keine Illusion.

Dein Gefühl in Bezug auf das Paradies ist ECHT.

Das Paradies singt unzählige Lieder für uns alle, und das unaufhörlich jeden Tag. Ich habe diese Lieder auch nicht immer hören können, doch haben sie niemals aufgehört, für uns zu singen. Es wurde manchmal einfach nur leiser und leiser. Das Paradies singt für uns, es singt gerade jetzt für dich. Auf dass wir uns alle erinnern und auch du dich jetzt erinnerst, an das Land der Ewigkeit in der Einheit.

Was wirklich zählt, bist du. Du erschaffst LEMURIA mit deinen wunderschönen Farben voller Magie und Anmut.

Ich höre ein Lied, gerade in diesem Moment laut und deutlich, der Text schwingt in meinem Innersten. Freude. Dieses Lied wurde geschrieben, um dich einzustimmen und mitzunehmen auf eine Reise in ein Land vor dieser Zeit.

LEMURIA spricht durch den Text direkt zu dir …

Du mit deinen schönen Augen, verlier nicht deinen Mut. Mir ist schon klar, wie schwer es ist, Mut zu fassen in einer Welt voller Gegensätze.

Ich sehe deine wahren Farben, wie sie durch alles scheinen. Ich sehe deine wahren, wunderschönen Farben, und deshalb liebe ich dich. Habe keine Angst, sie zu zeigen, deine wahren, frohen Farben. Deine wahren Farben sind schön wie ein Regenbogen.

Lächle einfach, sei glücklich.

Ich weiß gar nicht mehr, wann ich dich zuletzt habe lachen sehen. Wenn diese Welt auch befremdlich für dich ist und du es nicht mehr ertragen kannst, dann rufe mich an, denn du weißt ja, ich bin immer für dich da.

LEMURIA liebt dich.

Ich sehe deine wahren Farben, wie sie wundervoll durch alles scheinen.

Ich sehe deine wahren, wunderschönen Farben, und deshalb liebe ich dich.

Zeige deine wahren Farben. Deine Farben sind so wunderschön, ohne sie würde es keinen Regenbogen im Paradies geben.

Erhelle mit deinem Licht. Erhellt euer Licht.

Let your RAINBOW shine, let LOVE shine.
You are LOVE forever.

Du bist unendliche LIEBE.

In dankbarer Liebe und tiefster Anerkennung.
Der lichte Rat von MU«

DANKSAGUNG

Danksagung

von Matthias Scheffler

Danke – wie oft habe ich es schon gesagt, und wie oft habe ich schon versucht, meinen Dank gegenüber anderen auszudrücken. Danke, so ein einfaches Wort und doch so unendlich kraftvoll. Zunächst danke ich dir, ja, dir, der/die du diese Zeilen gerade liest. Ich danke dir für dein Vertrauen und deine Aufmerksamkeit, die du dir und diesem Buch schenkst. Im Wort »Danke« sind die Buchstaben A und N vorhanden. Für mich bedeutet dieses Wort ANfang. Der ANfang von etwas Größerem, etwas, was nur du selbst dir schenken kannst. Danke, dass du dich beschenkst. Es geschieht genau in diesen magischen Momenten, in denen wir die Größe des ANfangs spüren. Dankbarkeit über alle Grenzen hinaus. Wir alle können für so vieles dankbar sein, und dennoch sind es die kleinen, meist sehr ruhigen Momente, in denen wir es wahrhaftig wahrnehmen und annehmen können.

Ein Satz, der mich seit vielen Jahre begleitet, ist der folgende: »Das Größte und Beste, das du für jemanden tun kannst, ist nicht, deinen Reichtum mit ihm zu teilen, sondern, ihm vielmehr den Reichtum, der bereits in ihm liegt, zu offenbaren.«

Dabei ist das größte Geschenk, das wir geben oder empfangen können, die Anerkennung und die Dankbarkeit. Was bedeutet es, deinem Gegenüber in die Augen zu schauen und zu sagen: »Ich sehe dich. Ich bin dankbar für dein Sein«? Für mich bedeutet dies fast alles. Anerkennung, jemanden sehen, ist weit mehr als ein Danke, mehr als eine Erwähnung auf einer Seite in einem Buch.

Meine ganze Anerkennung und zugleich mein tiefster Dank ist all den großartigen Übermenschen in meinem Leben gewidmet.

Zuerst möchte ich mich von ganzem Herzen bei Miriam Scheffler, meiner Frau, meiner Liebe bedanken. Deine Inhalte und Worte bereichern dieses Buch in einem ungeahnten Ausmaß. Ich danke dir so sehr für die Unterstützung, deine ehrlichen Worte und für alles andere, was du mit mir teilst. Du bist wundervoll. – I love you so so so …

Mein großer Dank und meine unendliche Liebe geht an Jeanne Ruland. Auf unserer gemeinsamen Reise in diesem Leben durfte ich dein wahres Wesen erneut kennenlernen. Du bist ein großer Segen und ein wahrer Schatz. Worte sind doch sehr begrenzt, um all meinen Dank für dich auszudrücken. Ich lache noch immer, wenn ich mich daran erinnere, wie ich dir sagte, du solltest den heiligen Kelch an Murat schicken :) … und du hast prompt reagiert. Dieses nun vorliegende Buch gemeinsam mit dir in die Welt zu bringen, erfüllt mein Herz mit großer Dankbarkeit und Freude. Du bist das Licht, das diese Welt erhellt.

Ganz herzlich darf ich mich bei Kerstin Noack bedanken, meiner liebevollen Lektorin. Ich weiß, du hast es nicht immer leicht mit mir. Ich liebe deine Anmerkungen, deine kleinen Fragezeichen. Ebenso möchte ich mich bei meinem großartigen Team bei Schirner bedanken. Ich bin euch für eure Hilfe und kontinuierliche Unterstützung bei der Umsetzung dieses Buches unendlich dankbar. Wegen eurer Bemühungen und Ermutigungen kann dieses Vermächtnis weitergeben werden.

Abschließend danke ich meiner Familie und allen, die daran beteiligt waren, dass ich dorthin gekommen bin, wo ich heute stehe: meiner Mama, meinem Papa, meiner Schwester und meiner hawaiianischen Ohana (Familie). Auch den vielen Freunden und liebevollen Menschen, die mich auf dem Weg begleitet haben.

»Love all you see, including yourself. –
Liebe alles, was du siehst, auch dich selbst.«

(Hawaiian Elder und Kahuna Nui Hale Kealohalani Makua)

Danksagung

von Miriam Scheffler

Mein Dank geht an das Größere, das uns auf unserem Weg leitet. Ich bin dankbar, dass diese Kraft Matthias' und meinen Weg vor über 20 Jahren einander hat kreuzen lassen. Sie hat dafür gesorgt, dass wir uns auch dieses Mal wiedererkannten. Die gleiche Quelle hat uns deutlich und laut vor einigen Jahren nach Hawaii gerufen und uns in Verbindung mit Erinnerungen gebracht, die zeitlos und grenzüberschreitend sind. Alle Reisen haben uns erweitert in unseren Perspektiven, Weisheiten und der Wahrnehmung aller Ebenen, bis hin zu den Sternen. Welchen Wert das Erlebte für mich und uns hat, ist kaum in Worte zu fassen.

Die universelle Kraft hat Menschen in mein Leben kommen, in ihm bleiben und auch gehen lassen und damit meine Richtung bestimmt.

Ich danke meiner Familie, dass sie dabei immer eine bleibende und erdende Konstante war und ist, unabhängig davon, was im Äußeren passiert. Ich danke dir, lieber Matthias, für dein Immer-da-Sein, für dein Verständnis, für dein Vorangehen zu manchen Zeiten und Zurücknehmen zu anderen. Ich realisiere jeden Tag, wie außergewöhnlich, tief greifend und zeitgleich selbstverständlich unsere Bindung ist.

Und liebe Jeanne, du bist einfach mehr als nur eine Freundin. Mit dir zu sein, ist wie Familie, ohana. Danke für dein liebevolles Schubsen auf den richtigen Weg und dein unendliches Verständnis und tiefes Gespür, durch das wir auch ohne Worte fortwährend verbunden sind.

Herzlichen Dank möchte ich auch an alle aussprechen, die an unseren Herzensprojekten, wie diesem, beteiligt sind und uns unterstützen, die Liebe und das immerwährende Licht in die Welt zu tragen.

Alles ist vollkommen wie es ist. DANKE.

Danksagung

von Jeanne Ruland

Ich danke für all den Segen, die Liebe und die Güte, für all jene Anteile des Himmels, die durch uns auf die Erde strömen, um zu erinnern, die Frequenzen zu erhöhen und das neue Werden zu manifestieren. Ich danke für all die Weichen und Begegnungen, die aus der Quelle des Lichtes gesteuert werden, damit wir unseren Lebensplan für diese Erdeninkarnation erfüllen können.

Ich danke aus ganzem Herzen meinem Mann und Seelengefährten Murat Karaçay und meiner Ohana, ihr seid für mich eines der größten Geschenke auf Erden, für das ich unendlich dankbar bin. Ich danke aufrichtig von Herzen meinen Lemuria-Weggefährten, meinen Starpeoplesisters Matthias und Miriam Scheffler. Es war eher ein Wiedersehen als ein Kennenlernen, ein Sich-gegenseitig-Erinnern im gemeinsamen Austausch, ein Puzzle, in dem sich die Teile nun zusammenfügen und ein größeres, umfassenderes holografisches Bild ergeben. Danke für euer Sein und euer Wirken, für den Flow, für das Teilen und all die wundervollen Erfahrungen, die wir bisher jeder für sich und gemeinsam auf allen Ebenen des Seins erlebt haben und noch erleben werden.

Ich danke den Verlegern Markus und Heidi Schirner, unseren Lektorinnen Kerstin Noack und Natalie Köhler sowie den Grafikerinnen Anke Müller und Simone Fleck für die Möglichkeit zu diesem und die wundervolle Begleitung rund um dieses Buch. Ich danke all den Menschen, die mit uns gemeinsam auf dem Weg in eine neue Zeit sind. Gemeinsam neue Wege gehen, den Himmel auf Erden leben und sich gegenseitig unterstützen, erinnern, erheben und begleiten in der Ausrichtung auf das höchste Licht, jeder mit seinen Fähigkeiten und seinem Sein, ist der Weg in ein neues Werden, in das Goldene Zeitalter auf Erden.

Aloha Aina. Mahalo ke akua.
In Liebe und Dankbarkeit

Jeanne Ruland

ÜBER DIE AUTOREN

Jeanne Ruland ist Autorin, Wegbereiterin in die Neue Zeit, Engelmedium, Lehrerin und internationale Seminarleiterin. Sie unterrichtet Natur-, Engel-, Meister- und Strahlenlehre, Huna sowie die Lehre der Heiligen Geometrie. Ihre Seminartätigkeit begann im Jahr 2000. Ihr fundiertes Wissen und ihre langjährige Erfahrung in der Energiearbeit gibt sie gern weiter, um zu erinnern und zu erwecken. Sie bietet außerdem internationale Reisen zu Kraftorten an. Ihre bekanntesten Werke sind: »Das große Buch der Engel«, »Die lichte Kraft der Engel«, »Die Gegenwart der Meister«, »Krafttiere begleiten dein Leben«, »ALOHA – Gelebte Liebe«, »Maria Magdalena« sowie Bücher, CDs und Kartensets zum Thema »Heilige Geometrie«. www.shantila.de

Matthias Scheffler brachte bereits im frühen Kindesalter ein sehr tiefes Einfühlungsvermögen mit in diese Welt. Die dünnen Schleier, die alles verbinden, waren für ihn niemals eine Barriere, sondern ein spannendes Gebiet, das es zu erkunden galt. Eine Gabe, die sich im Laufe seines Lebens intensivierte und seinen Weg immer stärker begleitete. Seine unzähligen Reisen und die Suche nach seiner wahren Bestimmung führten ihn in entfernte Länder, wo er schließlich seine Herzensheimat Hawaii fand. Ihm wurden tiefen Einblicke in die Kultur und Bräuche seiner Ahnen gewährt, die weitere Erinnerungen in ihm auslösten. Ein transformierendes Ereignis auf dem höchsten Berg der Erde veränderte sein Leben für immer. Er ist Klang-Alchemist, Kreativschaffender und Musikschöpfer, Medium, Künstler und Visionär einer Neuen Zeit. Mit seinem feinen Gespür nimmt er die Schichten, Frequenzen und Töne, die aus den unsichtbaren Ebenen und Dimensionen in unsere Welt hineinreichen, und die Schwingungen der Neuen Zeit wahr. Er widmet sein Leben der Heilung, den heilsamen Wegen und dem Dienst an allem, was ist. www.matthiasscheffler.de | www.perfectwavestudio.com

Miriam Schefflers Faszination gilt Menschen, allem Leben, dem Reisen und der Natur. Sie hatte schon immer ein großes Interesse an alternativen Heilmethoden. Über 20 Jahre war sie in der Pharmabranche tätig und widmet sich noch länger den Themen Gesundheit, welche Aspekte das persönliche Wohlbefinden beeinflussen und wie sich jeder wieder in seine Kraft bringen kann. Da in ihren Augen Wandel und Veränderung der Ausdruck von Leben sind, reist sie gern und bringt ihre bereichernden, lebensverändernden Erfahrungen und ihr dadurch gewonnenes Weltbild in ihre Gespräche, Vorträge und Seminare ein.

Unzählige Reisen in ferne Länder wie ihre Seelenheimat Hawaii gewährten ihr weitere Einblicke in das Wissen ihrer Vorfahren. Sie baut Brücken zwischen den Welten und verbindet genau dieses alte Wissen mit der heutigen Zeit. Ihre Passion liegt darin, andere dabei zu begleiten, ihren persönlichen und beruflichen Weg zu gehen, in ihre Gesundheit zu kommen und ihre Stärke zu erfahren. Sie setzt dabei mit Liebe hochwertige ätherische Öle unterstützend ein. www.inlovewithoils.de

Mehr zum Thema »Lemuria« finden Sie unter: www.lemurialove.com

IMPULSE
für die Neue Zeit

Schirner Verlag

Jeanne Ruland &
Matthias Scheffler
Lemuria
Rückkehr in das Paradies – Erinnerungen der Seele
200 Seiten
ISBN 978-3-8434-1350-3

Jeanne Ruland &
Beate Elise Nowak
Lemuria
Rückkehr in das Paradies – Erinnerungen der Seele
40 Karten mit Begleitbuch
ISBN 978-3-8434-9105-1

Bildnachweis

Bilder von der Bilddatenbank www.shutterstock.com:
Vor- und Nachsatz: #385818523 (© Yurlick), #132081503 (© examphotos), #50497090 (© Markus Gann); Bild auf den Übungsseiten: #421388629 (© Jo Ann Snover), #1069348595 (© vladimir3d), #132081503 (© examphotos), #1069348556 (© vladimir3d); geometrisches Ornament: #502874512 (© Anton Malina); Schreibsymbol: #682565350 (© davooda);
Weitere Bilder: S. 1 #50497090 (© Markus Gann), S. 3 #1069348556 (© vladimir3d), S. 10-13 #750659479 (©sripfoto), S. 13 #594686537 (©Art Boardman), S. 14-15 #486742525 (© somsak nitimongkolchai), S. 18 #1053409016 (© Shane Myers Photography), S. 23/180 #276692675 (© N K), S. 35 #1169919292 (photopmh), S. 37 #557636224 (© Shane Myers Photography), S. 43/66 #557636278 (© Shane Myers Photography), S. 48 #89433142 (© Willyam Bradberry), S. 50 #98969405 (© Willyam Bradberry), S. 61 #1157731255 (© lucas_moore), S. 85/94 #109174382 (© Efired), S. 88/126 #167854424 (© Ruta Production), S. 91 #632511926 (© Maridav), S. 98 #577570354 (© Fominayaphoto), S. 102 #631966010 (© Anna Ok), S. 107 #443045425 (© Chamille White), S. 134 #1096859183 (© dashtik), S. 139 #794003929 (© Horizonman), S. 141 #313750448 (© Andrew Mayovskyy), S. 143 #1226867302 (© lucas_moore), S. 145 #1387848629 (© David Ionut), S. 150 # #486742525 (© somsak nitimongkolchai, S. 152 #1104878465 (© Josephine Billeter), S. 157 #170059781 (© Laura Bartlett), S. 158 #1095008141 (© Galyna Andrushko), S. 160 #1402206506 (© Mouskie), S. 163 #632511668 (© Maridav), S. 164-165 #632511926 (© Maridav), S. 166 #1397705306 (© Maridav)

S. 28 und 147: © Miriam Scheffler und Matthias Scheffler
S. 189: Autorenbild Miriam Scheffler: © Alma Steinbach